発達障がい
見方を変えれば
みんなハッピー

親子のやる気がぐんぐん伸びる！ 36の視点

精神保健福祉士
発達こどもアカデミー 施設長 南川《みなみかわ》 悠《ゆう》

まえがき

私は今まで700名以上の、子どもとの関わり方に悩んでいる保護者の方と関わってきましたが、自分を犠牲にして毎日懸命にわが子と向き合っていらっしゃる方ばかりでした。そんな日々頑張っていらっしゃる保護者の皆様の状況や立場は本当に大変です。頑張っても頑張っても出口の見えないトンネルの中に入り込み、「いつまでこんな状況が続くのか?」「このままでこの子は社会に出られるのだろうか?」「この子はいつになったらできるようになるのか?」など、不安ばかりを抱え毎日過ごしています。なぜ発達障がいの子どもを持つ保護者はこんなに大変なのでしょうか? その要因として以下の6つのポイントが挙げられます。

①常識では理解できない育てにくさ
②否応なく保護者に向けられる周囲からの否定的な目

③いくら説明しても本当の意味での理解や共感が得られない孤立感
④どんどん開いていく同年代や兄弟との差
⑤子どもからの感謝や態度改善などの見返りの少なさ
⑥つきることのない将来への不安

ほとんどの保護者は、さまざまな問題を毎日目の当たりにし、消えることのない不安を抱えて過ごしています。さらに、まわりからの否定的な目によって、居場所がなくなり孤立してしまいます。孤立感が深まるとすべてに対してネガティブになり、意欲が上がらず心身ともに疲れ動けなくなっていきます。そうなると非常に大変です。そんな状況を改善するためには、まず保護者の皆様自身が孤立しないようにすることが最優先です。相談できる人や場所を見つけましょう。抱えている不安や気持ちを聞いてもらえるだけで全然違います。

発達障がいの子どもを取り巻く現状は日々変化しています。医療機関での診断数や大人の発達障がい問題の増加に伴い様々なメディアで取り上げられ、「発達障がい」という言葉は広く知られるようになりました。その結果、「発達障がい」に対する対応方法や教材・ツール等が数多く生み出され、発達障がいの子どもを持つ保護者の皆様にとっては、様々な支援手段を簡単に手に入れることができるようになりました。

しかし、どんな効果的な支援手段を手に入れたとしても、実際のわが子との関わりの中で期待していたような効果が出ず、逆に親子関係が悪化した経験をお持ちの方が多いと思います。実は効果的な支援手段を使うだけでは不十分なのです。効果を出すためには、自分の常識に当てはめずわが子の立場に立った視点を持つことが必要なのです。

ただ、わが子に対する悩みや不安を日々抱えつつ、育児や家事、仕事に追われ自分自身の関わりを冷静に振り返る余裕のない保護者の皆様にとって、自分自身の常識や関わり方を変え、わが子の立場に立つことはとても難しいことです。頭では分かっていても、つい怒ったり他の子と比べたりして失敗と後悔を繰り返してしまいます。

そんな明日すらも見通せない不安の中で日々悩んでいる保護者の皆様のために、本書ではわが子への効果的な関わりを継続させるポイントを分かりやすくお伝えします。特別な専門知識や資格は必要ありません。本書を読むことで今までわが子との関わりの中で感じた疑問や矛盾が解消され、わが子の立場に立った視点が身に付きます。

保護者の皆様！　あなたのせいではありません。もちろん子どものせいでもありません。親も子も毎日一生懸命頑張っています。この本は保護者の皆様の味方です。肩の力を抜いてお読みください。一緒にわが子に合った効果的な関わり方を無理なく楽しく見つけていきましょう！

皆様の愛と努力がわが子の人生を確実に変えます！

本書の内容は、私が勤めている事業所内での職員研修や保護者向け勉強会で使用する予定でした。しかし、たくさんの方から「ぜひ私たちも教えてほしい」との要望を頂き、皆様のお役に立ち喜んでいただけるのならばぜひお伝えしたいという気持ちが強くなり、本にして出版することに決めました。本書が一人でも多くの発達障がいを持つ方々、その保護者の皆様、そして支援者の皆様のお役に立てればと心から願っております。

また、この本を執筆中に起きた新型コロナウイルス感染拡大により誰もが経験したことのない状況に立たされ、外出自粛による在宅時間の増加により、親子の関わりがより長くより密接なものに変化しました。そのため、今まで以上に子どもに対する関わり方の工夫が求められ、悩みや不安でいっぱいの保護者の方が大勢いらっしゃいます。そのようにお悩みの方々にも本書がお役に立てることを切に望みます。

第5章　子どもの毎日を楽しくするポイント　175

第6章　発達障がいに対する支援　235

第1章

発達障がいの子どもを取り巻く現状

1 発達障がいとは

発達障がいの定義は、発達障害者支援法(平成17年施行)において、「自閉症、アスペルガー症候群、その他の広汎性発達障害、学習障害、注意欠陥多動性障害、その他これに類する脳機能障害であり、その症状が通常低年齢で発現するもの」とされています。つまり、発達障がいの原因は脳機能の何らかの障害であり、努力不足・ワガママ・親のしつけや育て方が原因ではありません。また通常低年齢で発現するものとされているので、大人になってから発達障がいになるということもありません。

発達障がいにはいくつかの種類があります。診断名としては、「知的能力障害ＩＤ」「自閉スペクトラム症ＡＳＤ」「注意欠如多動症ＡＤＨＤ」「限局性学習症ＳＬＤ」「発達性強調運動障害ＤＣＤ」などがあります。

診断名	特徴	目立つ症状	
知的能力障害（ID）	□知的能力の遅れ □「理解力」「記憶力」「判断力」の機能的な遅れ □ IQ70 未満 □ 18 歳未満までに生じる	□学業が遅れる □言葉を話すことが苦手 □お金の管理が苦手 □成長が同年代よりも未熟 □計画が立てられない	□コミュニケーションが苦手 □抽象的なことが理解できない □臨機応変な対応が苦手 □身辺自立が未熟 □健康管理が苦手
自閉スペクトラム症（ASD）	□対人面の問題 □コミュニケーション方法 □興味の偏りとパターン行動 □感覚過敏	□気持ちの共感・共有ができない □相手の気持ちが読み取れない（空気が読めない） □冗談や皮肉が理解できない □特定のものの知識が非常に多い □やらなければ気が済まない行動がある □音・光・臭い・味・肌触りなどの感覚が非常に過敏	
注意欠如多動症（ADHD）	□多動性 □衝動性 □不注意	□落ち着きがない □すぐに手が出る □順番が待てない □忘れ物が多い □集中が続かない	□切り替えができない □片づけが苦手 □話を聞いていない □落し物が多い □ルールが守れない
限局性学習症（SLD）	□全般的な知的発達に遅れがないものの、「聞く」「話す」「読む」「書く」「計算・推論する」能力に困難がある	□文章をたどたどしく読む □読んでも内容が理解できない □飛ばし読みをする □文章問題が苦手 □行やマスから字がはみ出す	□書き順を間違える □板書ができない □筆算ができない □図や量や単位が苦手 □聞き取りが苦手
発達性強調運動障害（DCD）	□粗大運動が苦手（歩く・走る・飛ぶ・投げる・蹴る・泳ぐ…） □微細運動が苦手（手や指を使った細かい運動）	□上手く走れない □スキップができない □よく転ぶ □自転車に乗れない □縄跳びができない □泳げない	□靴紐が結べない □ハサミを上手に使えない □積み木を積むことが苦手 □お箸を上手に持てない □工作が苦手 □ダンスが苦手

特徴としては、以上のように分けられています。発達障がいの特徴を見て、多くの方がお気づきになったと思います。「これって私にもあてはまる！」と。そのとおりです。

発達障がいの特徴は、誰もがあてはまると感じる点が多いことです。この特徴こそが、発達障がいの問題を何重にも複雑にしている原因だと考えています。障害という言葉だけが一人歩きをして、偏見や差別を受ける要因になる一方、障害と捉えるにはあまりにもありふれた誰しもがあてはまる症状であるために、努力不足やしつけの問題と捉えられるのです。偏見と楽観視の間で悩んでいる子どもや保護者がたくさんいます。発達障がいの問題を診断だけで考えると、とても危険な状態に陥ってしまいます。

◉そこで、子どもの人生を変える視点！
「障害があるかないかで判断するのではなく、どんなことで困っているのかを具体的にしよう！」

以下に発達障がいの代表的な症状を表にしています。この表を使って子どもにあてはまる項目をチェックしてみてください。注意点は、あてはまる項目の数が多いから診断がついたり、状況が大変になったりするということではありません。あてはまる項目が1つだとしても、動けなくなるほど悩んでいる子どももいます。この表を使う目的は、子どもが困っている内容を、支援する側が具体的に知るということにあります。子どもの状況を大まかに捉え、「何でできないの？」「いいかげんにしなさい！」「もう5年生なのに情けない」と否定するのではなく、一つ一つの項目を具体的に把握して、例えば、2、3個のチェックがついたら、その2、3個に合わせた対応策を考えてあげることが必要になります。

この対応は、とても手間がかかり根気のいる対応です。しかし、親子にとって問題に前向きに向き合うためには、絶対に必要な対応方法になります。この時間も手間もかかる「急がば回れ」作戦は、発達障がい支援の基本となりますのでぜひ身につけましょう！

発達障がい症例チェック表

「ASD（自閉スペクトラム症）」			
休み時間に一人で遊んでいることが多い		冗談や皮肉が理解できない	
友達関係が作れない		「なぜ」「どうして」と聞かれて、説明できない	
気持ちの共感・共有ができない		曖昧な言葉や裏の意味が分からない	
相手の表情や感情が読み取れない		一日の行動パターンが決まっている	
要求がある時だけ人に関わりを求めてくる		やらなければ気が済まない行動がある	
周りを気にせず勝手な行動をする		決まりや予定が変わるととても不安になる	
相手が嫌がることをしつこく繰り返す		いつもと違うことや慣れないことに不安を感じる	
集団遊びのルールが理解できない		特定のものの知識が非常に多い	
場の雰囲気が読めない		1番じゃないと気が済まない	
相手を言葉で傷つけても気づかない		大きな音を嫌がる耳を塞ぐ	
話し方が抑揚なく一本調子		光を極端にまぶしがる	
間違っていても謝らない		偏食や食べものにこだわりがある	
話の内容が一方的で分かりにくい		洋服のこだわりがある肌触りを気にする	
難しい言葉を使うが意味は分かっていない			

発達障がい症例チェック表

「ADHD（注意欠如多動症）」			
忘れ物が多い		常に体が動いている	
物をなくす		すぐに手が出る	
集中が続かない		大声を出す	
すぐに気がちる		乱暴な子と見られる	
集中しすぎる		順番が守れない	
切り替えができない		ルールが守れない	
ボーっとしている		待てない	
話を聞いていない		高い所に登りたがる	
行動がワンテンポ遅れる		すぐに迷子になる	
字が乱れる		我慢できない	
不器用		やりたくないことはしない	
片付けができない		眠らない	
あまり目立たない （困っていることに気づいてもらえない）		起きられない	
落ち着きがない			

発達障がい症例チェック表

「LD（学習症）　DCD（発達性協調運動障害）」			
発音が不明瞭		繰り上がり、繰り下がりが理解できない	
たどたどしく話す		筆算ができない	
言葉につまる		算数の文章問題が解けない	
読んでも内容が理解できない		暗算ができない	
読んでいる途中でどこを読んでいるかわからなくなる		図形が書けない	
飛ばし読みをする		量を表す単位が理解できない	
国語の文章問題が苦手		時間で動けない	
わかりやすく伝えられない		手先が不器用（靴ひも、ハサミ、ボタン…）	
行やマスから字がはみ出す		全身運動が苦手（走る、スキップ、ボール…）	
正しい書き順で書けない		縄跳びや自転車などの協調運動が苦手	
板書が苦手		つまづいたり、体をぶつけたりする	
作文や日記が書けない		左右がわからない	
誤字脱字が多い		道を覚えない	
宿題に時間がかかる			

2 療育とは？

そもそも療育とは、「治療教育」という考え方から始まった言葉で、医学と教育の連携を基本とし、それ以外の訓練や福祉などの考えも加え、全体で協力して対応していくという意味で使われていました。その後さまざまな概念や考えが広がり、現在では障がいのある子どもに対しての支援を総称して「療育」と言うようになりました。また最近では、療育を「発達支援」と呼ぶところも増えています。

療育の概念や方法は、対応する人や機関によってさまざまです。どの方法が正しくどの方法が間違いかで判断するのではなく、子どもに合った療育を見つけることが大切です。保護者にとって、いきなりわが子に合った療育環境に出会うことは、容易なことではありません。しかし、あきらめずに実際に療育が行われている現場に出向き、全体の雰囲気や参加している子どもたちの様子などを見てください。ホームページやパンフレット、評判や口コミなどでは見えない点が、たくさん見えてきます。百聞は一見に如かずです。療育を続けていく際に一番大切なのは、参加する子ども自身が楽しめているか、「また行きたい！」と言うかどうかです。どんなに有名で効果が実証されている支援方法だとしても、子ども自身が怖がっていたり楽しめていなかったら、継続して療育を受けることは難しくなります。私個人の意見ですが、1回で劇的に子どもが変化して、その後問題が見事になくなる療育はないと思います。根気よく子どものペースに合わせ、回数を重ねながら、少しずつ子どもの意欲を引き出して、効果を上げていくものだと思います。

また、療育担当スタッフに話を聞き、考えや方法に納得できるかどうかも重要です。保護者が納得できないまま療育通いを続けても、「このまま続けて意味があるかしら？」「この療育は何に効果があるのかしら？」と疑問ばかりがつのり、療育を続けることに対するモチベーションが徐々に減っていき、そのうち足が遠のいていきます。また、療育はその場だけでうまくいっても、あまり意味はありません。療育での成果を家庭や学校で発揮されてこそ、意味を成すものだと考えています。療育現場だけうまくいっている状態が続くと、「療育ではうまくやっているのに、何で家や学校ではできないの？」と子どもを責める結果となり、逆効果となってしまいます。この点は注意が必要です。

私個人が考える療育は、「子供が安心して活動できる環境で、子ども自身のペースで活動し、認められながら成功体験を積み重ね、自己肯定感を育み、意欲を伸ばすお手伝いをすること」です。療育のとても大事なポイントは、子ども自身がありのままの自分を受け入れてもらい、実力の範囲内でたくさんほめられ、悲観したりイライラしたりすることなく自信を身につけ、意欲が上がっていくことにあります。そのような関わりを経験しているかしていないかで、子どもの状況は大きく変わっていきます。療育的関わりは、専門家にしかできない訳ではありません。子どもの立場に立った視点さえ持てば、誰でもできます！　その効果的な視点を、この本を通して一緒に学んでいきましょう！

3

発達障がい児支援の問題点

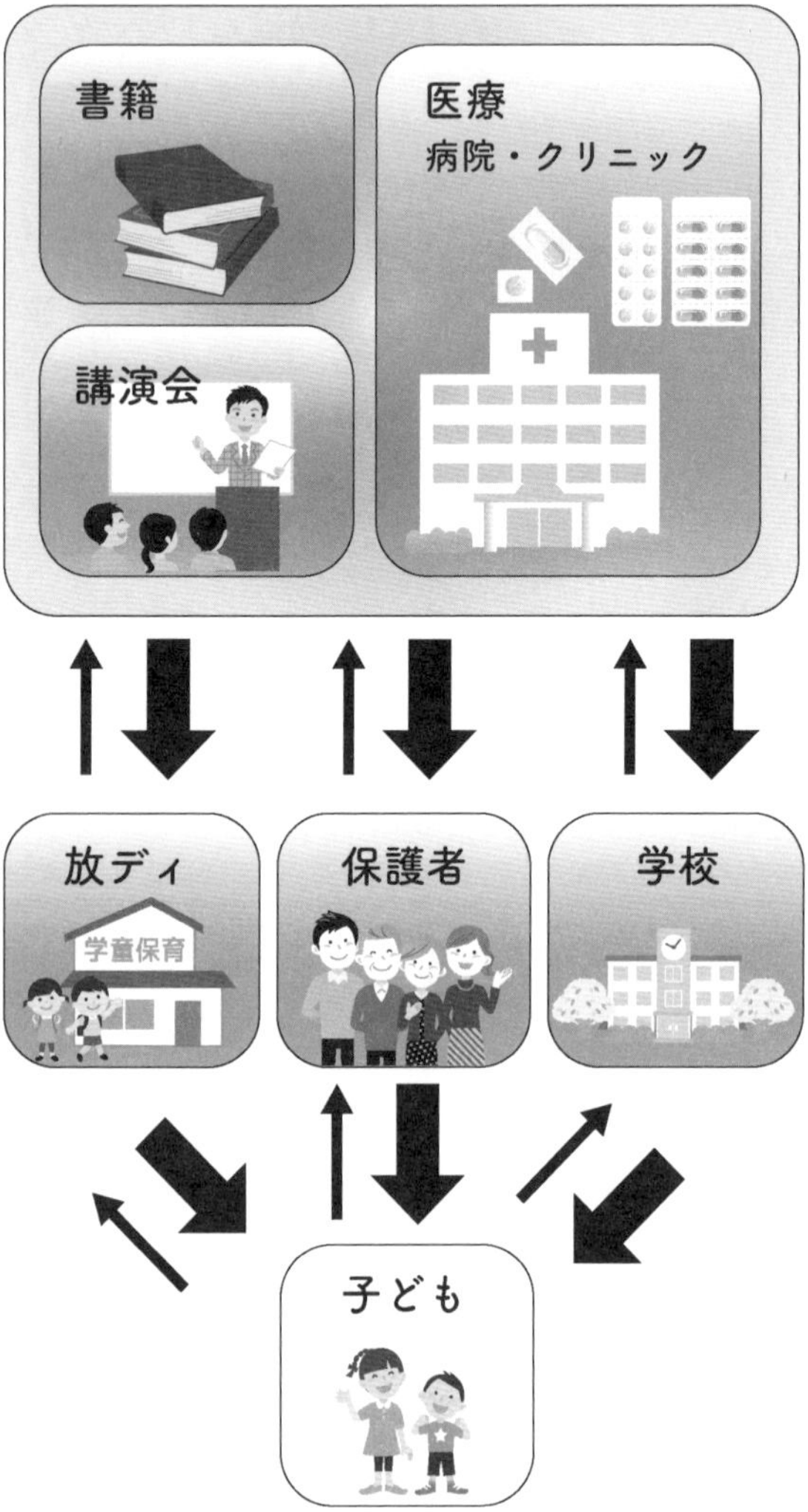

この図は、医療機関で働いていた経験から感じた問題点を表したものです。図の中の枠の大きさや矢印の大きさは、影響力や発言力の大きさを表しています。図の中では、医療や書籍、講演会の影響力や発言力が強く、一番下にいる子どもの力が弱いことを示しています。決して医療や書籍、講演会が悪いと言っているのではありません。問題なのは、子どもと関わる時間が長い保護者・学校・放課後等デイサービス事業所が、自らの問題点や支援環境を改善することなく、支援に関する問題や悩みを丸ごと医療や書籍、講演会に頼り、解決方法を得ようとする流れです。

私が医療機関にいた頃に多く耳に入ってきた話題は、支援がうまくいかないのは誰のせいだという犯人探しでした。「保護者が子供を受け入れていない」「担任の理解がない」「放課後等デイサービスのレベルが低い」など。自分以外に問題の原因を見つけようとすることが本当に多いと感じていました。もちろん、それぞれの立場で一所懸命子どもと関わっており、毎日必死です。うまくいかない原因を他に探したくなる気持ちもよく分かります。しかし、この図の流れの本当の恐ろしさはここからです。

支援がうまくいかない理由が分からず、誰が悪いのか犯人探しを行う。それでも状況が一向に良くならない。そうなると、最後は医療や書籍、講演会に答えを求めます。そこで得た知識や有効な関わり方を使って、早速子どもと関わります。しかし、やはりうまくいかない。支援者の立場からすると、「今度は確実に効果的な方法を使って関わっているのに改善しない」となります。ということは、悪いのは自分たちの関わり方ではなく、子どもも自身なのだという結論に至ってしまうのです。子ども自身が原因ですから、支援者からの注意や叱責、罵倒などの否定的な関わりが、当然増える結果となります。否定された子どもたちの意欲や自己肯定感はどんどん下がり、問題がさらに悪化する悪循環に陥っていくのです。子どものためを思って行動したことが、逆に子どもを否定することに繋がる流れほど、悲しいものはありません。

問題は常に現場で起きています。医療機関や書籍、講演会の中では起きていません。どれだけ効果的な支援方法を手に入れたとしても、支援者自身の考えや視点を改善しない限り、解決の方に進んでいかないのです。現場で、子どもの一番近くにいる人が子どもに合った関わりをすることが、一番効果を発揮します。しかし、自分自身を変えることはとても難しいことです。何事も「最大のライバルは自分」と言うように、自分を変えることは並大抵のことではありません。保護者や教師のように、忙しさから常に余裕がなく冷静な判断ができない状況に置かれている人にとっては、なおさら至難の業です。

また、さらに問題なのは、現場において子どもと一番近くで向き合っている人達に対する、支援やフォローが少ないということです。現場の人たちこそ、頑張りをほめられたり客観的な意見をもらったりなどのフォローが必要なのです。現場の支援者が孤立せず、自らの関わりを振り返る余裕ができれば、自ずと子どもの立場に立った関わりができるようになっていきます。そのベースが整って初めて、医療や書籍、講演会などで得た知識や関わり方が、効果を発揮するのです。

次ページの図を見てください。子どもの立場が大きくなり、全体の中心に位置しています。子どもと関わるすべての人や機関が子ども本人のペースに合わせ、それぞれの関わり方を見直し協力していく形が理想です。その形が図のように大きな枠として発展していき、医療や書籍、講演会から最先端の情報やより効果的な支援方法を学びながら進めていく関係が、発達障がいを持つすべての人にとって、より良い支援に繋がると考えています。

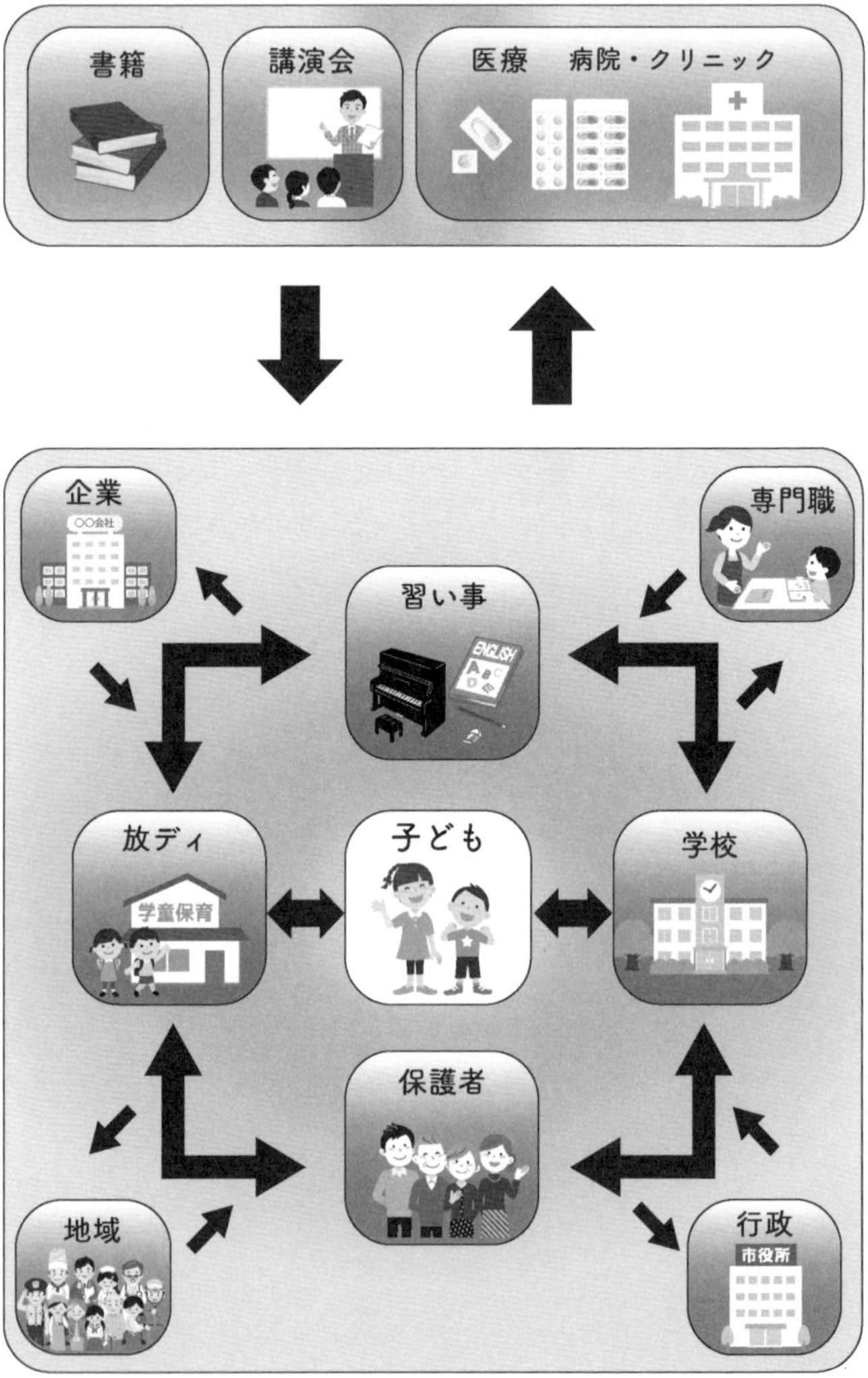
書籍
講演会
医療　病院・クリニック
企業
○○会社
専門職
習い事
ENGLISH
放ディ
学童保育
子ども
学校
保護者
地域
行政
市役所

4 本書の効果的な使い方

本書は、発達障がいを持つ子どもへの関わりは、専門家やセンスのある支援者だけが成せる業ではなく、視点を変えるだけで、誰もが子どもの人生を変える効果的な関わりが可能になることをお伝えするために書きました。子どもの近くにいて一番の理解者になりえる保護者・教師・放課後デイのスタッフが、子どもの立場に立った視点での関わりを継続することで、子どもたちの「できる！」が増え、ぐんぐん意欲が伸びてきます。しかし、頭で分かっていても、子どもの視点に立ち焦らず冷静に関わり続けることは簡単ではありません。そこで本書では、３つのポイントを使って子どもの視点に立った関わりを継続させる方法をお伝えします。

1、子どもの人生を変える視点

これからお話しする各項目の内容の中に出てくる効果的な視点を分かりやすく説明します。

まずは効果的な視点を意識することから始めましょう。無意識や何となくで関わるのではなく、子どもの立場に立った視点を常に意識できるように参考にしてください。

2、実践カード

実践カードには、自分自身の関わりをより効果的にするために実践する行動が書かれています。どれも実践すれば必ず効果を発揮する行動です。しかし、いきなり全てを実践することは難しいことです。そこで、この実践カードの中から自分が実際に実践できそうな行動を3枚だけ選んでください！　その際に常に3つの行動を意識できるように「実践カード」をコピーして切り抜き、手帳や部屋の目につく所に貼ったり財布やカバンの中に入れたりして、いつでも確認できるようにすると忘れずに実践できると思います。実践カードは「発達こどもアカデミー」のＨＰからダウンロードしてお使いください。選んだ3つの行動を同時に実践しなくてもオーケーです。できる範囲で1枚ずつ実践していきましょう。無理して実践しようとすると負担が強くなり継続が難しくなります。日々の家事や子育て、仕事の状況に合わせてできる範囲で実践していきましょう！　もちろん実践に慣れてきたら3つ同時でもオーケーです！

1ヶ月実践してみて継続できた行動は、殿堂入りです！　殿堂入りした行動が、皆様の関わりを子どもの視点に立った効果的な関わりに変えていくのです！

注意点としては、殿堂入り行動の数で善し悪しが決まるものではありません。実践行動の中には、どうしても実践しづらい行動もあると思います。その場合は他のカードと交換してください。また、どんどん実践できる活動が増えていく方もいれば、決まった1つの行動なら実践できるという方もいらっしゃると思います。大切なのは無理なく継続して実践できるかどうかです。皆様の気持ちや日々の状況に合った実践行動を見つけていきましょう！

3、親の会とフォローアップ

私の今までの経験を通して痛感していることは、日々発達障がいを持つわが子と接している保護者には、親の会と専門スタッフによる定期的なフォローアップが必要不可欠だということです。講演会に行ったり書籍を読んだりペアレントトレーニングを受けたりすることで、その瞬間は大きな満足感を得て一気に先行きが明るくなり、やる気に満ちます。しかし、いざ日常場面でわが子と関わってみると思い描いていたようには進まず、やる気になった分落胆も大きく、自信を無くし継続して頑張る気持ちが持てない状態になってしまうことが多いものです。本書の中でお伝えする内容や方法を使ったとしても、保護者の中には、「これで良いのかな?」「このまま続けても良いのかな?」「違う方法を試した方が良いのかな?」「このやり方は本当にわが子のためになっているのかな?」「他の人はどうしてるのかな?」などの不安が常に生じます。

そこで必要になってくるのが、親の会と専門スタッフによる定期的なフォローアップです。

親の会

親の会とは、同じ立場の保護者が集まる場です。親の会では、周りを気にすることなく安心して日頃の悩みや不安を思う存分話すことができ、お互いに心から共感し合えます。また、「悩んでいるのは私だけじゃないんだ」「全部私のせいではないんだ」と思えることで孤立から抜け出し、大きな安心感を得ることができます。

何よりも必要なのは、保護者が安心して話せる場所と共感し合える仲間がいることです。

フォローアップ

専門スタッフによるフォローアップを定期的に受けることで、今現在のわが子の状況に合わせたピンポイントなアドバイスを受けることができ、家庭に戻ってすぐに実行できる対応策を聞くことができます。また、実際に家庭で行っているわが子への関わりが正しいのかどうかのチェックもでき、関わり方を微調整しながら不安なく支援を継続することができます。

親の会と専門スタッフによるフォローアップによってもたらされる定期的なアドバイスや共感し合える仲間との交流は、保護者の気持ちの安定に繋がり、親子間の関係改善にも効果を発揮します。

以上のように、本書を使って**効果的な視点**を知り、**実践カード**を使って無理なく実践し、**親の会**や**フォローアップ**で振り返り定着させていく。この流れが日々不安を抱える親子を救う手立てになると確信しています。

（親の会やフォローアップについては、お住まいの市町村や近くの医療機関、民間サービス等を調べ、親子に合った場所や信頼できる人を見つけていきましょう）

はこでみ日記

発達こどもアカデミー

はこでみ日記では、私が勤めている児童発達支援・放課後等デイサービス事業所「発達こどもアカデミー」の日常を利用する子どもたちやスタッフの気持ちを通して日記風にお伝えいたします。

※「はこでみ」とは、発達こどもアカデミーの略称です

はこでみ日記①

ゆうすけさん（仮名）　「怒りのコントロール」

ゆうすけさんは、誰にでも笑顔であいさつができ、その場の雰囲気を明るくしてくれる小学１年生の男の子です。工作が大好きで段ボールを使ってスケールの大きな作品を次々に生み出していきます。作った車や家は実際に乗ったり寝転んだりできるので、他のメンバーに大人気です。

そんなゆうすけさんは、癇癪持ちです。思い通りにならないとさっきまでの愛嬌たっぷりの笑顔が嘘のように泣き叫びながら暴れてしまいます。そんな彼を怖いと感じた他のメンバーは、少しずつゆうすけさんの周りから離れていき、ゆうすけさんは一人でいることが増えてしまったのです。

ゆうすけさんは人一倍皆と遊びたい気持ちを持っていたので、癇癪を出すたびに「またやってしまった」とひどく落ち込んでいました。頭では分かっていてもコントロールできない自分の怒りとの孤独な戦いが続きました。

しかし、ゆうすけさんの中には怒りだけでなく、皆と一緒に遊びたい強い気持ちがありました。そんな気持ちが少しずつ怒りをコントロールするようになっていったのです。怒りが爆発しそうになった時、ゆうすけさんは歯を食いしばって震えながら我慢するようになりました。怒りをコントロールできた時のゆうすけさんの心から安堵した表情がとても印象的でした。

はこでみでは、時間がかかったとしても、子どもたちが自分で気持ちを切り替えることがとても重要だと考えています。

今でも突発的な怒りを表に出すゆうすけさんですが、優しい気持ちで他のメンバーと遊ぶために今日も元気に**はこでみ**にやってきます！

発達障がいの特徴の一つとして、

気持ちのコントロールの難しさや自分と相手の状況を調節することの苦手さなどがあり、臨機応変な対応やストレス回避ができず、突発的に気持ちが爆発することがあります。

第2章

発達障がいの子どもと上手に関わるためのポイント

1

返事＝理解ではありません

学校の先生や保護者から子どもに対して指示を出した場合、その指示が子どもたちに聞こえているのかどうかや理解したかどうかの判断基準として、子どもからの返事がありす。この確認の流れは、家庭、学校、職場などあらゆる場面において、常識（当たり前）として存在しています。したがって、指示を出した後に子どもから返事がないと、「あれ？聞こえているかな？」「あれ？　分かっているかな？」「あれ？　怒っているのかな？」「あれ？　嫌なのかな？」と一気に不安になり、返事が返ってくるまで確認を繰り返すことになります。確認を繰り返して、ようやく返事が返ってくると、指示を出した方は「あー伝わったな」と安心して次の行動に移ることができます。

しかし、発達障がいを持つ子どもたちによくあることが、

・返事をしたのに指示通り動かない。

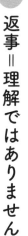

・返事をしたのに指示を理解していない。

などの結果です。その結果を見たときに、指示を出した側は、「返事したのになぜしないの？」「返事をしたのになぜ分かっていないの？」と結果の意味が理解できず、怒りや否定で関わってしまうことがほとんどです。自分の常識が相手に伝わらないほど、もどかしく腹立たしいことはありません。イライラしてしまう気持ちもよく分かります。しかし、ここが踏ん張り所です。

ここでのポイントは、返事≠理解ということです。常識（当たり前）では、返事をしたということは、「指示内容を理解し実行します」という証拠になります。しかし、発達障がいを持つ子どもたちにとっては、「返事はしたけど内容は聞いていなかった」「返事はしたけど指示内容の意味が理解できなかった」「返事はしたけど、今やっていることをやめたくなかった」「返事はしたけど何をすれば良いか忘れてしまった」ということが、実は数多く起こっているのです。

この困った状況にはいくつかの理由がありますが、大きく3つにまとめられます。

①返事さえすれば先生や保護者は指示をやめる。

・理解や実行の確認ではなく、うるさい指示を止める手段として返事を使っている。

②返事はするが、それ自体が行動の切り替えに繋がらない。

・特に子ども自身が好きな活動（テレビ・ゲーム・カード・工作）から、嫌いな活動（片付け・宿題）へ切り替える場面では、「片付けなさい」「宿題しなさい」などの指示に対して返事はするものの、すぐに好きな活動に意識が取られて切り替えができず、指示内容を忘れてしまう。

③返事をしないと怒られるので、とりあえず返事をしている。

・大人側の指示の仕方が曖昧だったり複数あったりすると、何からして良いか全く分からず、怒られることから逃れるために返事をする。

大人側は、常識の範囲内で特に難しい指示を出したつもりもなく、「できて当たり前」の確認作業として、返事を待っています。しかし、子どもたちの中では、これら3つの理由のように、大人側が全く予期していないさまざまな用途で、返事を使っています。そのため、指示を出す側は、返事＝理解と捉えるのではなく、2つを切り離して考える必要があります。つまり返事の有無だけでの判断ではなく、具体的に何から指示を出せば子ども自身が切り替え行動できるのかどうか、また大人側の指示が本当に子どもに伝わっているのかどうかを両方判断することが必要になるのです。

それでは、逆に返事はしないけれど、指示を理解して適切に行動できた場合はいかがでしょうか？　この場合も返事＝理解にあてはめてしまうと、指示通りに行動したとしても、今度は「なぜ返事をしなかったの？」とやはり怒られる結果になってしまいます。常識という名のもとに返事と理解は常にセットで考えられ、どちらか一方でも欠けると怒られてしまうのです。これでは、発達障がいを持つ子どもたちにとってはハードルが高い状態のままで、いつまでたっても怒られっぱなしで成功体験を積み重ねることができません。

どちらにしても、まずは大人側が常識に当てはめず子どもに合わせた視点で指示を出すことが必要です。子どもができる内容や理解できる方法で指示を出し、返事の有無関係なくできたことを認めることができるかが大きなポイントとなります。

2 大人の焦りと子どものやる気は比例しない！

保護者からの相談を受ける中でよく感じることは、親子それぞれの気持ちの温度差です。「困っている保護者」と「困っていない子ども」の2つに分かれることがよくあります。

保護者は子どもの将来を考え、「このままでは立派な大人になれないのではないか？」「このままでは社会に受け入れてもらえないのではないか？」と強く不安を感じ、とにかく今からどうにか手を打たないといけない、と焦っている状態であることが多いものです。しかし、子どもたちは、今この瞬間、目の前にある好きなことや楽しさが最優先であり、将来の見通しは全く意識していないことが多いのです。

この一致しない二重構造のため、保護者が「あなたの将来のために言ってあげているのよ！」「このままじゃ将来どうなるか分からないわよ！」とわが子のために気持ちを込めて伝えても、「ふーん」「どうにかなるんじゃない？」「将来のことを言われても分からない」「余計なお世話」「頼んでもないのに勝手に決めないで！」などと言われ、気持ちのズレがはっきりするばかりで、親子関係が悪化し、ますます保護者の焦りは増大し子どものやる気は減退してしまいます。

対応策としては、大人側の主観による将来的な不安や困り感を子どもに押し付けるのではなく、まずは、子ども自身ができていることや得意な面を認めることから始め、子どもとの信頼関係を作ることが最優先です。子どもにとって親から頭ごなしに否定されない安心できる状況が作られて初めて、子ども側からのSOSや相談などが出やすくなります。つまり、子どもの中にある、かくれている困り感を引き出すことがポイントです。

子どもにとってイメージしにくい将来のことを考えて、今現在の問題点を改善することは、非常に難易度の高いスキルです。それを保護者側の主観で、しかも頭ごなしに否定的に伝えても、子どものやる気には全く繋がりません。むしろ、否定されることが分かっている子どもは、怒られないようにするために、嘘を言ったり隠したり、後回しにして見ないようにしたりしてしまいます。

そうならないために、現在子どもができていることを一つずつ認め肯定していくことが、とても重要になってくるのです。すぐには、大人側と同じように困り感を持ってはくれませんが、否定されない安心感を保証してあげることで、子ども側から困ったことについて話してくれる機会は、大幅に増えていきます。その機会を使って、少しずつ困った状態を具体化し、一緒に解決する方法を見つけていくことが有効です。

3 「どうせ」が出たら要注意です！

子どもと直接関わったり、保護者の相談を受けたりする中で、一番対応に苦慮する子どものタイプは、「どうせ」という言葉を多く発する子どもです。「どうせ」を多く発する子どもは、意欲が低下しており、さまざまな効果的な支援を受けても、すべてが無意味と捉えてしまい、「どうせやっても無駄だ」「どうせ怒られる」「どうせ仲間に入れてもらえない」などと、決めつけてしまう傾向が強いのです。また、支援のメリットを感じることができず、良い見通しを持てないことから、「どうせ失敗するくらいなら、しない方がマシだ」と判断することも多くなります。「どうせ」という言葉を多く発する子どもは、成功体験の不足状態にあるのです。

具体的な状態としては、

・何をやっても怒られる。

・何度注意されても同じ失敗を繰り返す。
・ほめられることがない。
・同年代のペースについていけない。
・自分自身のできなさ加減を自覚している。
・常に年齢相応のレベルを求められる状況にいる。

などです。

今後の子どもの人生におけるとても重要なポイントとして、勉強面・運動面・衛生面などは、現時点で苦手だったとしても大人になってから十分カバーしたり改善したりすることができます。しかし、意欲や自信、他者への信頼面などは、本人の中で「どうせ」という否定的な状態が長く続いてしまうと、大人になってからもなかなか取り戻せない問題となり、自信回復や他者への信頼回復に相当な時間がかかる結果につながります。

そこで、子どもに「どうせ」を感じさせない対応としては、

・同級生と比較しないこと

・年齢相応のレベルを求めないこと
・子ども自身が現在できていることをほめて、認める関わりを行うこと
・子どもの良い面に注目してくれる人が一人でも多くそばにいる環境を作ること

などが基本です。

学生時代にとんでもないトラブルメーカーで、勉強は苦手、失敗を繰り返す子だとしても、本人のそばに、良い行動を見逃さずに認めてくれる人や話を聞いてくれる人がいたら、その子は「どうせ」を感じることなく、少しずつ、自分の苦手さと向き合いながら小さな成功を積み重ね、確実に自信を手に入れていきます。また同時に、他者からの支援を受け入れ、苦手な面を改善していく術を手に入れていきます。子ども時代に、いかに意欲を上げる支援を最優先にしてもらえているかどうかが、将来的な気持ちの安定や自己理解促進の最重要ポイントとなります。

今現在、子どもが「どうせ」を連発しているのなら、すぐに、大人側の対応を改善しなければいけないサインです。

4 ご褒美で子どもを動かしていいの？　いいんです！

「子どもを動かす時に、物やお金などのご褒美で動かしても良いのでしょうか？」これは保護者の方からよく出る質問の1つです。この質問に対して私は「問題ありません」と答えています。なぜなら、子どもが好きな物や喜ぶ物が手に入る＝子ども自身にメリットがある＝子どもの意欲が上がる、の流れがあるからです。子どもの意欲が上がるご褒美アイテムは、大いに利用すべきだと思います。

ご褒美に使われる代表的なものとしては、お菓子・ポイント（トークン）・オモチャ・ゲーム・お出かけ・お小遣いなどがあり、子どもそれぞれの興味関心によってさまざまです。発達障がいを持つ子どもへの療育を行う時に、とても大事なポイントがあります。それは、その子が何に興味を示し、何をすれば喜ぶかを具体的に知ることです。

療育の初期段階は、とにかく子どもが喜ぶことを探し、それをどんどんやってあげて、

「もっとしてほしい！」の気持ちを引き出し、「この人は楽しいことをしてくれる良い人だ！」と信頼関係を作っていきます。そして、少しずつこちら側の要求を出していき、ご褒美と引き換えに、要求を受け入れてもらうように進めていきます。いきなり言うことを聞かせようとしてもうまくいきません。したがって、子どもが喜ぶご褒美を知ることは、信頼関係を作る上で、とても重要なのです。

ここで1つ注意しなければいけない点があります。それは、「ご褒美があるから子どもは動く」→「ご褒美と引き換えに絶対にしなさい」→「何でしないの？」→「ご褒美なし！」の流れには、絶対にしないようにすることです。一見、子どものためにご褒美を用意してあげているように見えますが、良い行動に対する報酬ではなく、ご褒美を使って強制させる形になってしまっているのです。この関わりの中に肯定的な関わりは一切なく、最終的には否定的な関わりで終わっています。これでは子どもの意欲を上げるどころか、失敗体験を積み重ねることにつながってしまいます。また、保護者としては「ご褒美を準備してあげたのにこの子はできない」と、ガッカリする印象だけが残ることになります。「ご褒美＝絶対に子どもが動く」ではありません。大前提は、子どもにしてほしい行動を、子どもができる範囲で実行させていくことです（第3章・7「スモールステップ」）。ご褒美は、その行動を取り組みやすくするキッカケとして使うのです。

発達障がいを持つ子の中には、「自分にメリットがないのに、なぜやらなければいけないのか分からない」と感じる子がいます。したがって、「学校」「宿題」「習い事」「お手伝い」「行事」「努力」「ルールを守る」「年下の世話」「我慢」など、一般的には無条件で取り組む意味を理解することでも、自分にメリットがない・自分は望んでいない・勝手に決められたことは納得できないなどの理由で、受け入れを拒否してしまいます。周りの大人が「やって当たり前」「他の子は皆できている」といくら言っても、意欲や、やる気は伸びません。

そこで、ご褒美を使った関わりの中で、一番大事なポイントをお伝えします。それは、ご褒美をキッカケに子どもが行った行動を、徹底してほめて認めることです。一番の狙いは、ご褒美を使って子どもを動かすことではなく、大人側が子どもをほめて認める機会を増やすことにあるのです。動いたキッカケはご褒美ですが、行動したことで、周りからほめられ認められる経験をすることで、子どもの意欲は上がり自己肯定感が伸びます。

子どもをほめて認める機会を数多く作るために、ご褒美を上手に使っていきましょう。

5

「こだわり」と「不安」は全く違います

発達障がいの中でもＡＳＤ（自閉スペクトラム症）の子どもは、こだわりが強いとよく言われます。しかし、我々が一般的に考える「こだわり」と、ＡＳＤの子どもの「こだわり」は、全く意味が違うと私は捉えています。我々が考える「こだわり」と、ＡＳＤの子どもの「こだわり」の違いについて、料理に使う包丁へのこだわりを例にあげて説明したいと思います。

例えば、料理が趣味で調理道具をたくさん持っているとします。その中でも特に、包丁にこだわっていて、たくさん持っています。包丁を作っているメーカーはたくさんあり、どのメーカーの包丁も切れ味が良くとても使いやすい。しかし、その中でも○○というメーカーの包丁をこだわって使っている。つまり、他にも良い包丁はたくさんあることは知っている上で、１つのメーカーの物だけを使っていることが、一般的なこだわりだと思います。しかし、ＡＳＤの特性を持つ人は、いつも使っている包丁とは違う包丁を渡されても、本当に切れるのか、いつも通りできるのか、などの見通しや結果が想像できなかったり、急な変更に臨機応変に対応できなかったりして、不安でいっぱいになってしまいます。そのため、安心して使いたいために、いつも通りの包丁だけをこだわって使っているのです。

幅広い選択肢の中での前向きなこだわりと、選択肢のない中での不安からくるこだわりは、大きく意味が違ってきます。

よく例えに出る「道順」についても同じです。ＡＳＤの子どもにとって、いつもと違う道順になると、「本当に着くのか？」「迷ってしまうのではないか？」「何かいつもと違うことが起きるんじゃないだろうか？」と不安になり、見通しが全く持てない状況になってしまいます。そのため、その不安を消すために、安心できるいつもの道順ばかりをこだわって進んでいるのです。

一般的なこだわりとして捉えてしまうと、「そんなにこだわらなくてもいいじゃない？どれも一緒でしょ？」と、余計な行動として否定的に関わってしまいます。そうならないために、大人側は、「**不安からくるこだわり**」という新たな視点を持って、肯定的に関わっていくことが大切になるのです。

6 1教えれば2できるはずの難しさ

「この子は、1つ指示を出したら10できる子だよ」のように、多くの指示を出さなくても自分で考えて動ける優秀な子のことを称賛する言葉があります。これは、1つの指示を出せば、その子が自分自身で考え、指示以外のことも予測し、バランスを考えながら指示以上のことをするということです。

この行動を可能にするためには、以下のスキルが必要になります。

①素直に指示に従う。
②具体的な指示ではなくても、何を求められているのか理解する。
③指示を出す相手の状況や気持ちを瞬時に察している。
④指示以上のことをしても、相手に迷惑がかからない範囲を理解している。
⑤指示以外のことでも、苦にせず相手のために率先してできる。
⑥仕事が増えたとしても、それをこなせば自分自身の評価が上がることが分かっている。

このように1つの指示だけで、相手の状況を瞬時に察し、迷惑をかけない範囲で、自分自身の評価を上げる行動をとることはとても難しい行動です。文字にしてみると、その難しい対応を常識（当たり前）として子どもに求めることは、とてもハードルが高いことだと分かると思います。

ここで、発達障がいを持つ子の特性をもう一度確認してみましょう。

・空気が読めない。
・相手の気持ちが分からない。
・曖昧な指示は理解できない。
・複数の指示は対応できない。
・想像して行動できない。
・同じ行動でも場所や人、順番が変わると途端に混乱してできなくなる。

このような特性を持つ子にとっては、さらに至難の技になってしまいます。

1つの指示を出せば2～3つは応用して行動することが常識（当たり前）と捉えると、

常に1つのことしかできない子どもに対して、どうしても否定的に関わってしまいます。しかし、できないのには理由があります。怠けや反抗、努力不足ばかりではありません。発達特性からくる想像力や切り替えの苦手さが、応用力のなさに繋がっているのです。

適切な対応としては、

・具体的な指示を1つずつ出す。
・一つの指示に対する反応を見てから、次の指示を1つ出す。
・複数の指示を出す時は、言葉だけではなく文字にするなど、視覚的に分かりやすい形で伝える。
・人や場所、順番が変わる場合は事前に伝え、いつもと同じパターンの指示を保証する。
・一般的な常識（当たり前）にあてはめて、応用力を期待しないこと。

などを徹底することが大切になります。

いちいち指示を出さなくても勝手に応用する行動を求めるのではなく、1つの指示に対して、1つの行動を求める形を保証することが有効です。応用力を求めて失敗体験を繰り返させるよりも、手間をかけて、一つずつ確実に成功体験を積ませた方が、時間はかかりますが、意欲が伸び作業効率が上がっていきます。やはりポイントは「急がば回れ」です！

7 「ながら作業」は本当に難しい！

「何度言ってもできないんです」「目の前にあるのに見つけきれないんです」「同級生が簡単にできることがなぜできないのか理解できません」このような保護者からの嘆きの声をたくさん耳にしてきました。

何が原因なのでしょうか？　それは、「ながら作業」ができないことが要因の一つです。学校や家庭で何気なくしている行動のほとんどが、「ながら作業」なのです。

・授業において書きながら聞く
・縄跳びを飛びながら回す
・自転車をこぎながら前を見る
・文章を読みながら理解する
・字を書きながら覚える
・電話の相手と話しながら、隣にいる人の質問に答える

・急いでいる朝の場面で、着替えながら次にすることを考える
・相手の表情を見ながら話す
・時間を気にしながら食べる
・しゃべりながら食べる

など日常には「ながら作業」があふれていることが分かります。

しかし、発達障がいを持つ子どもの中には、極端に「ながら作業」が苦手な子が多いのです。

それでは、何気ない「ながら作業」を、苦手な子がしたらどうなるかというと、

・書くことに必死で先生の話は全く耳に入らない
・縄跳びを飛ぶことに気を取られて、手が止まってしまう
・自転車をこぐ足元ばかりを気にして、壁にぶつかる
・読むだけでいっぱいいっぱいになり、内容が入ってこない
・電話中に話しかけられると混乱してしまう
・朝の段取りが考えられず、着替えることだけに時間がかかってしまう
・相手の状況や気持ちに関係なくしゃべり続ける

などのような状況に陥りやすいのです。

家庭でのご飯の場面を例に、もう少し詳しくお話ししたいと思います。

ご飯の場面で、母親から子どもに対して、「姿勢よく食べなさい！」「こぼさずに食べなさい！」「静かに食べなさい！」「急いで食べなさい！」「次にすることを考えなさい！」と矢継ぎ早に指示が入ります。朝の時間がない場面だとしたら、子どもは、「姿勢よく、こぼさずに、静かに、急いで、次にすることを考えながら」食べないといけません。

この指示を皆様はどう感じるでしょうか？　できて当たり前でしょうか？　それともハードルの高い要求でしょうか？　大人側の捉え方によって大きく関わり方は変わります。

発達障がいを持つ子どもにとっては、間違いなく、ハードルの高い難しい指示です。

「ながら作業」でいうと、同時に5つの指示を意識しながら、ご飯を食べないといけません。発達障がいの子どもは、1つの行動を始めると、残りの4つの行動がおろそかになってしまう傾向が強いのです。大人側がこの要求を常識（当たり前）と捉えていると、残り4つができていないことが許せず、否定的な関わりになり、できている1つは評価されることなく、いつまでたっても失敗体験を繰り返すことになってしまいます。

効果的な対応としては、子どもに対する要求を1つに絞ることです。

複数の要求を同時に子どもに実行させようとすると、どうしてもできていない項目に目がいってしまい、注意や叱責など否定的な関わりになってしまいます。これは、子どもに対するハードルを上げていると同時に、子どもに対する親としてのしつけや責任感のハードルも上げる結果になっているのです。

一番大事なことは、子どもへの肯定的な関わりです。子どもへの要求を1つに絞り、それができたら徹底してほめて、認める関わりを行うことです。子どものできている面を見逃さずに、認める視点があるかどうかが最大のポイントです。

ご飯の場面で言うと、保護者にとって「姿勢よく」「こぼさない」「静かに」「急ぐ」「次のことを考える」の中で、今現在一番してほしいことの優先順位をつけることが必要です。優先順位一番以外は、手伝ったり大目にみたり補助器具を使ったり食事量を減らしたり、次にすることを紙に書いて上げたりする、などをして対応していきましょう。

当たり前のレベルでの失敗の繰り返しより、子どもの身の丈に合ったレベルでの1つの小さな成功の方が、将来の成長に大いに役に立ちます。

8 「約束」と「反省」だけでは失敗を繰り返します！

「約束」と「反省」この2つは、子どもの問題行動に対して一般的に使われている対応です。

例えば、子どもが学校から持ち帰るはずだった給食袋を忘れたとします。そこで保護者がとる行動は、

①反省

・「何で給食袋を忘れたの？　帰る時に確かめていないからでしょ？　持って帰ってないのはあなたくらいよ！　もう二度と忘れないように反省しなさい！」

②約束

・「今日は絶対に忘れたら駄目よ。帰りの会の時に確認しなさい！　いいわね！　もうこれ以上言わないからね！　約束よ！」

となります。

この流れは、子どもに忘れ物をした事実を振り返らせ、何が原因なのかを問いただし、忘れ物をしたことを反省させます。そして、次の朝もう一度忘れ物をしたことを振り返らせ、絶対に忘れないように約束させます。

一般的には、この2つの対応で子どもは十分反省し、次からは親との約束を意識して給食袋を持ち帰ってくるはずなのです。

しかし再び忘れる。

保護者としては、あれほど言って聞かせて約束までしたのに、なぜ忘れるのか、意味が分かりません。そのため、再び強い叱責と否定を伴って、「反省」と「約束」を繰り返すことになります。しかし、発達障がいを持つ子ども（特にADHDの子ども）には、「反省」と「約束」を繰り返しても、残念ながら効果はあまりありません。それどころか繰り返し叱責や否定を受け続けた子どもは、どうして良いかも分からず失敗を繰り返し、どんどん意欲が下がる結果になってしまうのです。親子にとってこんな悲しいことはありません。

◉ここで、子どもの人生を変える視点！
「忘れ物はピンポイント声かけ！」

家でいくら反省や約束をさせても、子どもが学校にいる間に他の刺激に気を取られ、約束を忘れたり反省した気持ちを思い出せなかったりして、忘れ物をしてしまうのです。それから家に帰り、保護者から指摘されてようやく気づきます。

そうならないための改善のポイントは、忘れ物をする学校での、ピンポイントの声かけやチェックです。一番現実的な方法は、クラス担任にお願いして、帰りの会の際に子どもに対して個別に「給食袋は持ってる？」と聞いてもらうことです。一斉指示だけでは聞き逃すことが多いので、個別に声をかけて気づかせてもらうことがポイントです。

◉ここで、子どもの人生を変える視点！
「子どもの力だけでなく、周りの助けを借りることも立派な解決策です！」

9 感覚過敏は誰にも分かってもらえない

発達障がいを持つ子どもを支援する上で、感覚過敏や感覚鈍磨については、きちんと理解しておかないといけない問題です。この問題は、子どもの生活全般に影響を及ぼすものであり、毎日不安を抱えて過ごさなければいけません。原因としては、さまざまな研究が行われ、脳の機能やストレスなどさまざまな要因が考えられています（発達障がいだから必ず感覚過敏という訳ではありません）。

感覚過敏（鈍磨）とはどんなものなのかを具体的に見ていきたいと思います。

聴覚

・突然の大きな音（雷・花火・トラック・インターホン・運動会のピストル・ジェットタオルなど）が苦手。

・教室のザワザワが耐えられない。

・エアコン・時計・冷蔵庫・換気扇などの音が気になって集中できない。
・教室のあらゆる音が耳に入り、先生の話だけを集中して聞くことができない。
・集中し過ぎて他の音が全く耳に入らない（感覚鈍磨）。

視覚

・太陽がまぶしくて目が開けられない。
・蛍光灯がまぶしくてコンビニやスーパーに入れない。
・明るいお風呂ではリラックスできない（真っ暗にして入る）。
・教科書の表面の光沢がまぶしくて読めない。
・テレビ画面がチカチカして見ることができない。

触角

・歯医者や注射が苦手。
・服がチカチカして落ち着かない（首の後ろにあるタグはいつも切っている）。
・満員電車に乗れない（隣の人に接触するから狭い間隔の座席に座れない）。
・温度調整ができない。暑いのか寒いのか分からない（感覚鈍磨）。
・怪我をしても気づかない（感覚鈍磨）。

嗅覚

・特定の食べ物の臭いが耐えられない。
・特定の場所や乗り物の臭いが耐えられない。
・学校（教室・給食・理科室・トイレ・プール）の臭いが耐えられない。
・雨の臭いが苦手。
・化粧品や柔軟剤の臭いが耐えられない。

味覚

・味が混ざったものが食べられない（チャーハン・野菜炒めなど）。
・イチゴのブツブツが気になって食べられない。
・コロッケなどの揚げ物は、口の中が痛くて食べられない。
・シイタケやナスの食感が嫌い。
・ヌルヌル・シャキシャキ・パリパリ・グニャグニャするものが食べられない。

その他

・疲れ・熱・体調不良に気づかない（感覚鈍磨）。
・尿意や便意に気づかずトイレに間に合わない（感覚鈍磨）。

・空腹に気づかない（感覚鈍磨）。
・喉の渇きに気づかず熱中症になる（感覚鈍磨）。
・ブランコ・遊園地の遊具・高い所が怖い（平衡感覚過敏）。

このように、感覚過敏や鈍磨によるさまざまな問題が発生します。項目だけ見ると、自分にもあてはまると感じる方も多いと思います。人間はみんな五感を使って生活をしていますので、少なからず過敏や鈍磨を持ち合わせているのは当然です。しかし、その過敏や鈍磨によって、日常的に多大なる支障をきたしているとしたら、どうでしょうか？　少々の我慢で解決できるレベルではなく、不登校・ひきこもり・退学・転職・退職・入院などの状況になってしまう程のレベルで、苦しんでいる人がたくさんいるのです。

また、そんな感覚過敏（鈍磨）で苦しんでいる人を、さらに苦しめる要因が3つあります。

①本人自身が感覚の問題を自覚できない。

・本人自身は生まれながらに感覚の問題を抱えているため、他人との違いに気づけません。

②自分自身で苦しい状況を説明することができない。

・本人自身が問題を自覚することができないなど、苦しさの原因が分からず説明できません。

また、周りの人達は、平気そうに生活しているので、苦しいとか辛いとか思っているのは自分のワガママだと思い込み、我慢してしまうことが多いのです。

③周囲からの理解が得られない。

・本人自身が自覚できず説明も難しいので、周囲からの理解は得られず、「それくらい我慢しろ！」「ワガママ言うな！」「大丈夫！　すぐ慣れる！」などと言われ、原因は、本人のワガママや努力不足と捉えられてしまいます。

このような状況にしないためには、我々が感覚過敏（鈍磨）について理解し、一般常識の視点ではなく、本人の立場に立った視点で、一つ一つの問題に対して具体的に対応していくことが必要です。毎日感じている苦しさを、誰にも分かって貰えないほど辛いものはありません。今一度、目の前の子どもを観察し、苦しんでいると分かればすぐに手を差し伸べてあげましょう！

はこでみ日記②

みのりさん（仮名）　「修業します！」

みのりさんは、真面目でしっかり者の小学４年生の女の子です。何事にも真っすぐでルールを守り、常に他のメンバーの見本となる存在です。我々スタッフにとっても、対応の一貫性がブレている時の道しるべとなる存在で大変助かっています。

しかし、その真面目さゆえに正義感が強く出過ぎてしまい、ルールを守らないメンバーへの叱責が止まらない時があります。言っていることは間違ってはいないのですが、あまりに強い叱責を繰り返すため、他のメンバーとのトラブルになることが目立っていました。そのため、自分が言い過ぎたことや問題を解決できなかったことに対して責任を感じ「全部私が悪い」とひどく落ち込むようになっていました。

しばらくして、落ち着いたみのりさんの話を聞こうとスタッフがそばに行った時に、ボソッとみのりさんが「まだまだ修行が足りませんね」と言ったのです。その言葉を聞いて、みのりさんが「武士」や「侍」に憧れをもっていることを思い出しました。みのりさんにとっては、他のメンバーがルールを守らない理由を「男の子はそんなものだよ」や「機嫌が悪いのかもね」と曖昧な説明をされても納得できません。しかし、そんな受け入れがたい状況を「修業」として耐えしのぶことには前向きに取り組むことができるのです。

みのりさんにとって、理解しがたい状況が頻発する日々の中、自分の感情をコントロールし、相手に対して言い過ぎてしまうことを回避するためには「修業」が一番ピッタリはまったのです。意味合いとしては「修業」＝「まっいっか！」です。修業を通して鍛錬を積み、相手の言動を受け流す術を身に付けたみのりさんは修業の成果を感じ大変喜んでいました。

はこでみでは、常識に当てはめて判断するのではなく、子どもそれぞれが持つ納得ポイントを見つけることを常に意識して支援しています。

今日もみのりさんは、修業を通して自分自身を鍛錬するために**はこでみ**にやってきます！

発達障がいの特徴の一つとして、

物事の見通しが持ちづらく急な変更に対応できないことがあります。したがってルールに固執し、相手の気持ちや状況に関係なく、例外を認めることができない面を持っています。

第3章

子どもを変える前にまずは自分が変わるためのポイント

1

常識って何だ!?（普通という名の常識を置き換えましょう！）

「この位できて当たり前」「常識で考えなさい！」「普通分かるでしょ？」

このような言葉は誰しも一度は耳にしたことがあると思います。

これらの言葉は、指示通りできなかったり、失敗を繰り返したりした時に、相手から「改善しなさい！」と投げかけられる言葉です。しかし、改善を求めている割には、何一つ具体的な説明や指示は含まれておらず、ただ、「当たり前」「普通」「常識」というワードが並んでいるだけです。それでも多くの人は、そのワードだけで失敗の理由を探り、改善点を見つけ出し、修正を図り、次は失敗しないように準備することができるのです。これは、数少ない言葉から相手の要求を察することが苦手な、発達障がいを持つ子どもにとっては、とてつもなく難易度が高い行動になってしまいます。

この問題を改善するためには、まず我々が「常識」という名のもとに、子どもに何を求めているのか、子ども自身は何を身に付ければいいのかを、具体的に知ることが必要です。

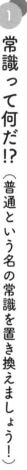

宿題の場面を例に、「常識」を形成している概念を見ていきましょう。

常識の概念

（察する）
・相手の気持ち
・空気を読む

（応用する）
・経験を生かす
・指示以上のことができる

（切り替え・見通し）
・やるべきことに向かう姿勢
・後が楽になることを自覚する

（ながら行動）
・書きながら覚える
・読みながら理解する
・姿勢を保ちながら行う

（他人への意識）
・友達もしているから自分もする
・高学年としての自覚を持つ

（感謝）
・親は自分のために助言してくれている
・親が手伝ってくれるから助かっている

（自分自身のメリット）
・頑張ればほめられる
・嫌だけど頑張れば成長につながる

いかかでしょうか？　我々は無意識に、こんなにもたくさんのことを子どもに求めているのです。この概念の1つでもできなかったら、「何でできないの？」「普通分かるでしょ？」と注意をしているのです。しかし、一般的に考えて、最初からすべてを完璧にこなせる子はほとんどいません。ほとんどの子が、失敗し注意を受けながら自然とできるようになり、バランス良くこなせるようになっていくのです。したがって、親の立場からすると、子どもに対していちいち指示や注意をしなくても済むようになっていくのです。

発達障がいを持つ子どもはどうでしょうか？

何度言っても同じ失敗を繰り返し、学年が上がっても改善が見られない。そのため親の負担は減るどころか増える一方になる。親子共々イライラばかりが募り、毎日親子喧嘩が絶えない。そんな状況に陥りがちです。

それでは、先ほどの「常識」の概念を、発達障がいを持つ子どもに当てはめると、どうなるか、一般に求められている状況と比較して見てみたいと思います。

「クラスメイトに 負けないように 頑張るぞ！」

「作者が言いたい 事はこれだな！」「たくさん書いたら 覚えたぞ！」

「終わったらお母さんに 見せよう！」「宿題したから １００点とったぞ！」

「あっ！お母さん そろそろ怒りそうだな。 宿題しようっと」

「そろそろ宿題しないと ２０時からのテレビが 見られないな」

「この問題は、 昨日習った解き方を使おう！」「昨日怒られたから 今日は早めにしよう！」

「お母さんのおかげで 宿題を忘れずにできた！ ありがとう！」

「僕ばっかり損してる」「低学年は宿題が 少なくてズルい」

「文章問題が全く 分からない」「書くことが苦痛で 頭に入らない」

「宿題をする意味が 分からない」「遊ぶ時間を 奪われているだけだ」

「何で何も言って くれなかったんだ！ お母さんのせいだ！」

「あ～もうこんな時間だ。 宿題が終わらない」「好きなテレビが 見られない」

「解き方を忘れて 分からない」「また今日も怒られた」

「お母さんは僕 ばかり怒る」「僕のことなんか 嫌いなんだ！」

このような状況となり、発達障がいを持つ子どもは、すべての概念において意欲的に捉えることができない傾向が強く、「当たり前のことが分からない」「常識が通じない」「普通ができない」というレッテルを貼られる結果となってしまいます。

◉ここで、子どもの人生を変える視点！「常識の裏に隠れている必要なスキルを知る」

支援する側が、常識という高いハードルのまま関わるのではなく、その裏に隠れている7つの必要なスキルを理解し、一つ一つを切り分け、子どものペースに合わせて関わっていく視点が必要不可欠なのです。

例えば、

①「察することが難しい」

・空気や態度ではなく言葉で具体的に伝える。

②「応用することが難しい」

・応用を期待せず、根気よく一つ一つ繰り返し伝えていく。

③「見通しが持てない」

・スケジュールを作る。視覚的に分かりやすい方法で見通しを持たせる。

④「切り替えができない」

・感情的にならずに声かけを続ける。子どもの切り替えを待つ。

⑤「他人への意識」

・他の子とは比べず、本人ができていることをスモールステップで認めていく。

⑥「感謝する気持ちがない」

・まずは見返りは求めず、子どもの成功体験を増やすことに専念する。

⑦「意欲が上がらない」

・成功体験を積み重ね、周りから認められて、初めて意欲が上がる。

我々が持つ「普通」という名の常識を、置き換えていきましょう！

2 子どもの目の前にある無数の階段

担任や保護者からの指示として、「片付けなさい！」「宿題しなさい！」「遅刻せずに学校に行きなさい！」などはよく聞かれる言葉です。世の中の多くの子どもたちが毎日言われていると思います。私たち大人も小さな頃よく注意を受けていたものです。特別な指示ではなく、ごくありふれた指示であるということ。つまり、できて当たり前のことなのです。しかし、発達障がいを持つ子の中には、いつまでたってもできない子どもたちがいます。原因は、ワガママ？　努力不足？　怠慢？　違います。実は、指示の具体的な内容が伝わっていないのです。何をどの順番で行ったら良いか分からないのです。

階段をイメージしてください。子どもの目の前には階段があります。一番上まで10段ある階段です。子どもは一番下にいます。10段目がゴールです。つまり、子どもが一番上の10段目にたどりついた時が、大人の指示通りに動き達成した時です。今回の場合ですと、「片付けなさい！」→「片付けた」、「宿題しなさい！」→「宿題終わった」、「遅刻せずに学校に行きなさい」→「時間内に遅刻せず学校に着いた」となります。

一般的な常識に当てはめて考えると、「片付けなさい！」「宿題しなさい！」「遅刻せずに学校に行きなさい！」と言われた子どもたちは、その10段上にある指示に対するゴールに向かって、自分の頭で考え、まず最初（1段目）は、何からすれば良いか、次（2段目）は何をすれば良いかを、瞬時に判断し、あっという間に10段目のゴールにたどり着きます。しかし、このスピードに、発達障がいを持つ子は全くついていくことができません。でも一般的にはこれが常識（当たり前）なのです。分かりやすく言うと、「片付けなさい！」の1つの指示だけで、10個のやるべき行動や順番をイメージすることができ、難なく実行に移せるのです。

いくら常識と言われても、発達障がいを持つ子どもたちにとって、この10段の階段は果てしなく高くて険しいのです。

◉ここで、子どもの人生を変える視点!
「一つの大まかな指示ではなく、10段分の行動一つ一つを具体的に指示しましょう」

例えば、「片付けなさい」
↓
①「テレビを消して」
②「リモコンをテレビの下の棚の引き出しに入れて」
③「ランドセルを勉強机の横にかけて」
④「マンガをマンガの棚に入れて」
⑤「借りてきた本は図書袋に入れて」
⑥「靴下を洗濯機に入れて」
⑦「給食袋と中身を洗濯機の中に入れて」
⑧「オモチャをオモチャ箱に入れて」
⑨「食べたお菓子のゴミをゴミ箱に入れて」
⑩「水筒をキッチンのシンクに出して」

となります。このように一つ一つ指示を出すことは、手間がかかります。嫌気がさします。なぜなら、大人側のほとんどが、常識（当たり前）を基準に生活し判断しているからです（実はこれが一番の問題点なのです）。

文章にすると極端に見えますが、パッと瞬時にイメージや段取りが思いつかない子どもたちは、本当に具体的な指示がないと動けないのです。しかし、傍から見ると、当たり前ができないので怒られっぱなしです。

そこで支援として継続させるポイントは、

①子ども本人の力でどこまでできるかを見極めること。子どもの実力を知ることです。

・大人側の指示や誘導、叱責で動かすのではなく、本人に任せたらどの位時間がかかるのか？いつになったら気づくのか？　本人自身の切り替えのポイントは何なのか？　最終的にどうなったら困りだすのか？　など子ども自身の情報が必要になります。この情報が子どもへの関わり方の参考になります。

②1段でもできたらほめる姿勢を持つことです。

・10段中のたった1段だとしても、自ら行動した場合に、きちんと大人側がその行動を認めたりほめたりする姿勢を持つことが重要になります。

③本人の実力に合わせ要求のハードルを下げ、できない部分は手伝う姿勢を持つことです。

・子ども一人に最後までさせることも大切ですが、一人でできる範囲を受け入れ、そこまでは一人でしてもらい、残りの段は一緒に手伝う方が、子どもも達成感を感じながら、苦手なことにもチャレンジしてみようと前向きな気持ちを持つことができます。大人側も割り切ることで、イライラせずほめることを意識しながら関わることができます。

●関わりの中で一番してはいけないこと。

・せっかく子どもが自分なりに頑張って2段登った時点で、「2段くらい誰でもできる」「そんなことで満足するな」「あと8段も残っている」「何で1回でできないの?」「何度言ったらできるの?」などと否定してしまうと頑張った分が台無しになり、「頑張っても認められないんだ」「やっても結局怒られるし意味がない」と思い、できることもしないようになります。結果的に階段を1段も登らないようになるのです。

●子どもの目の前には無数の階段がそびえたっています。

・1つの階段を登るのも大変な状態なのに、日常生活には無数の階段が子どもたちの目の前にそびえたっています。やっと1つの階段を登り終えたとしても、またすぐに次の階段が待っています。時には複数の階段を同時に登らないといけない場合もあります。

発達障がいを持つ子どもたちにとっては、毎日が試練です。怒られっぱなしで失敗ばかりだと、階段を登ろうとする意欲が育ちません。支援する側が、1段でも自分の力で登れたことを認めて、ほめる関わりを行いながら子どもの自信や意欲を伸ばしていくことが重要になります。

3 「何でできないの？」では、いつまでも解決しません

学校の先生や保護者がよく使う言葉に、「何でできないの？」という言葉があります。指示を出している側としては、きちんと指示をしているにもかかわらず、なぜ子どもたちができないのか理解できない時に使う言葉です。

「何でできないの？」と言われて子どもたちは何と答えるでしょうか？

ほとんどの子どもたちが「分からん」「知らん」「忘れた」「うるさい」「ウザイ」「関係ない」「頭が痛い」「お腹が痛い」と言います。中には、言葉で表現できず、「頭痛」「腹痛」「泣く」「固まる」などの反応を示す子どももいます。

表面的な考えだけで判断すると、答えとしては問題と捉えられ、

・分からないわけがない！
・知らないとは何事だ！
・忘れたとは言わせない！

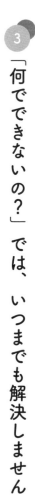

・わがまま言わないの！
・黙ってないで言葉で言いなさい！

などとさらに注意を受けてしまいます。

しかし、一見すると反抗的で空気の読めない返答ですが、実はその言葉や行動の裏には、「教えて！」「助けて！」「手伝って！」の意味が含まれているのです。指示を出す側は、表面的には不適切な返答だとしても、これを「教えて！」と置き換えて聞いてあげることが重要です。「この子は困っているんだな」と捉えて、指示をより具体的にしてあげたり、一緒に手伝ってあげたりするのです。それを続けていくと、困っている子どもにとっては、「この人は助けてくれる人だ」「気持ちを分かってくれる人だ」「素直な気持ちを話してもいいんだ」と考え、少しずつ不適切な反応から素直に助けを求める言葉や行動をとるようになっていきます。

◉子どもの人生を変える視点！
「知らない」「分からない」「忘れた」「うるさい」「関係ない」「頭が痛い」「お腹が痛い」や泣いたりする行動は、すべて子どもからのSOSと捉え直す。

4 保護者を悩ませる「どこまで手伝って、どこから子どもにさせるか問題」

保護者からの相談の中で、

・何度言っても分からない。
・声かけをしてあげているのに反抗してくる。
・手伝ってあげているのに文句ばかり言う。

など、わが子のために様々な手段を使って手伝っているにも関わらず、子どもの行動が一向に改善されないことについての悩みをよく聞きます。

なぜ、子どもが親の思う通りに動かないのか、原因として考えられるポイントとして、

・子どもに対して1度に複数の指示を出している。
・大人側のペースで子どもを動かそうとしている。
・できていることを認めず、できていない部分ばかりを指摘している。

などが考えられます。

これを子どもの立場から考えると、

・同時に複数の指示を出されると、何からすれば良いか分からない。
・自分の実力では、大人が要求するペースで行動できない。
・「しようと思っていたのに文句を言われるからやる気がなくなった」と意欲が下がってしまう。
・指示通りに行った行動は認められず、できていない部分ばかりを注意されるので、「どうせやっても怒られる」と思い行動したくない気持ちになる。

などと感じていることが多いのです。

大人側の立場に立った関わり方と、子ども側の気持ちを見ると分かるように、大人側が求めている方向とは全く逆の方向に、子どもの気持ちが向いてしまっています。

それではどうすれば良いか？　子どもの意欲を上げ、良い行動を継続させる大事なポイントを5つ挙げます。

①子どものペースで

②子どもができることを

③一つだけ指示を出し

④できたらほめる（認める）

⑤そして、次の指示を出す

この流れを徹底して繰り返すことが、子どもの意欲を上げ、継続して取り組む姿勢を作ることになります。と、文章で書くと、非常にシンプルで取り組みやすい印象を持ちますが、実際のご家庭では、そう簡単には進んでいきません。

そこには、どのご家庭も共通して持つ悩ましい問題があります。

それは、時間に追われているということです。トラブルが起こっているほとんどの場面が、時間に追われている状況にあります。子どものペースに合わせて関わっていると時間に間に合わず、「学校や習い事に遅刻」「約束に遅れる」「家事が進まない」「就寝時間が遅れる」などの、困った結果を招いてしまいます。

そこで、日々時間に追われている大人側（＊子どもも時間に追われているが、大人ほど危機感を持たず困っていないことが多い）が、持つべき新たな視点をお伝えします。

その新たな視点は、子どもに対して、何を一番優先して求めるかを具体的に決めることです。

①時間内に終わらせることが一番なのか？

②子どもに一人でさせることが一番なのか？

③親子喧嘩をしないことが一番なのか？

どれを最優先に求めるかによって、子どもへの関わり方が変わってきます。

子どもに求めることを具体的にしないまま、「時間内に一人で文句を言わずにしなさい」とすべてを求めても、うまくはいきません。

①時間内に終わらせることを最優先にした場合

・確実に子どもができることを1つ指示を出し、やってもらい、残りは大人が手伝う関わりを行います。子ども自身が行う項目は減りますが、最優先の目的は、時間内に終わらせることですから、「遅刻せずに登校した」「習い事に間に合った」「21時までに布団に入った」などができれば目的達成です。

②子どもにすべてさせることを最優先にした場合

・時間制限を設けず、子どものペースでさせることが基本です。時間がかかったとしても、子どもが自分自身の力でできたことをほめて、認めることが重要です。そうすることで、成功体験として身につき、意欲が上がり、ペースも上がっていきます。

③親子喧嘩をしないことを最優先にした場合

・大人が設定した時間内に終わらなくても、ほぼ親が手伝ってあげたとしても、その部分に注意を向けるのではなく、子ども自身が、暴言を言わなかったり手を出さなかったりしたことを徹底してほめ、認めることを継続していきます。

子ども自身に求めることを、具体的に一つに絞り、関わっていくことで、初めて子どもは、大人に何を求められているかを理解します。大人側も1つに絞ることで、改善したいことに向かって集中して関わることができ、目標達成に向けて前進することができるのです。

以上のポイントを踏まえて考えると、どこまで手伝って、どこまで子ども自身にさせるかという問題は、

①大人側の常識（当たり前）に当てはめて考えず、子どものペースに合わせる
②大人側の子どもに対する要求を一つに絞る
③できていることを見逃さず徹底してほめ認める
④目的以外のことは躊躇せず手伝う姿勢を持つ

以上を大人側が意識して実行することで、関わり方のバランスが見えてくると思います。

子どもの責任にしたり、「いつになったらこの子はできるようになるのだろう?」と嘆いたりする前に、大人が子どもに合わせた視点を持つことが改善への近道なのです。

5

「肯定的注目」を上手に使いこなしましょう！

「子どもをほめてください」とは、よく聞く言葉です。病院や療育機関、書籍、講演会など様々な場面で、耳にしたことがある方も多いと思います。「ほめる」という行動は、非常に大きな力を持っており、相手を動かす手段としてはとても効果的です。

しかし、ほめてくださいと言われても、

「子どもの何をどのようにほめたら良いか分からない」

「効果的とは分かっていてもほめることを継続できない」

などと話す保護者がほとんどです。

「ほめる」行動は、簡単そうでとても難しい行動なのです。

なぜそんなに難しいのでしょうか？　そこには2つの、「ほめる」行動を難しくしている要因があります。

①「ほめる」に値する行動の少なさ

・常識（当たり前）に当てはめると、ほめるに値する良い行動とは、「テストで100点をとった」「自ら宿題や手伝いをした」「1回で言うことを聞いた」などと非常にハードルが高く、特別なことをしないとほめない傾向が強いのが現状です。

②「ほめる」ことについての一般常識

・「ほめる」という行動自体を、「良くできたね〜！　すご〜い！」と、常にテンション高く、オーバーリアクションでしなければいけないと思い込んでしまい、一生懸命オーバーリアクションで「ほめる」行動に専念してしまうのです。しかし、次第に、「こんなに頑張ってほめているのに反応がない」「ここまでしてほめないといけないのか？」「ほめても意味がない」などと、ほめる行動自体に疲れ、継続が難しくなるのです。

「ほめる」という行動を無理なく継続させるためには、2つのポイントがあります。

①「子どもの良い行動の幅を広げる」

・良い行動とは、子どもが毎日している当たり前のことや些細なこと（「おはようを言う」「着替える」「ゴミをゴミ箱に捨てる」「荷物を自分で持つ」「宿題をランドセルから出す」）などであり、そのような行動を当たり前と放っておくのではなく、良い行動として捉える視点を持ち、ほめる機会や頻度を上げることが重要です。

②「ほめる」＝「肯定的注目」

・テンション高くおおげさにほめるだけが「ほめる」行動ではありません。「ほめる」行動自体に疲れ、継続できない結果になることは一番避けなければいけません。そこで効果を発揮する方法が「肯定的注目」という考え方です。「肯定的注目」とは、「目を合わせる」「ハイタッチをする」「笑顔を見せる」「うなずく」などの、簡単な関わりのことです。大切なのは、子どもに対して「あなたの行動をちゃんと見ているよ」「よく頑張っているねと認めているよ」という保護者の気持ちが、簡単に分かりやすく伝わることです。

子どもにとって「できない」という失敗体験ばかりが積み重なると意欲が下がり、何事においてもチャレンジせず、「どうせできない」と取り組む前から決めつけてしまうようになってしまいます。また、保護者も親としての責任感から、「子どもの将来のために親が頑張らなければいけない」「今どうにかしないと将来子どもが困ることになる」と思い、子どものできていない面ばかりに注目して、改善させようとしてしまいます。その結果、叱責や注意が多くなり、子どもの良い面が見えにくい状態になってしまうのです。

そして、親子共々、出口の見えないトンネルに入りこんでしまうのです。

そのような状態にならないようにするために、子どもの成功体験を増やし、自己肯定感を高めることが必要です。子どもの当たり前の行動やほんの些細な行動を良い行動として捉え、「肯定的注目」を行う（第5章・9の「「ほめる」以外にもある！子どもの自己肯定感を上げる方法！」を参照）。子どもへのハードルを下げることも大切ですが、保護者のハードルも下げ、毎日無理なく継続して行える関わりを見つけていくことも大切です。その結果、お互い肯定的な関わりが増え、親子関係の改善に繋がっていくのです。

6

スペシャルタイムを使って楽しくほめましょう！

保護者自身が、わが子に対する最良の支援者になることを目的に、子どもに合った関わり方を学び実践していくトレーニングのことを、「ペアレント・トレーニング」といいます。ペアレント・トレーニングの内容としては、「子どもの行動を3つに分ける」「ほめ方のコツとポイント」「上手な無視の仕方」「効果的な指示の出し方」などを学んでいきます。その中に「スペシャルタイム」という項目があります。ペアレント・トレーニングにおける「スペシャルタイム」とは、保護者が子どものしたい活動に付き合い、受容的かつ非指示的に関わる時間のことを指します。つまり、子どもの言動に対して指示や注意、否定をせず肯定的に関わり、子どもの良い行動をほめる練習をする時間です。

子育てに対するアドバイスや育児書などにおいて、「子どもをほめましょう」とよく言われます。しかし、保護者にとっては頭ではほめないといけないと分かっているのに、いつ何をどのようにほめればよいのか分からないことが多いものです。また、毎日の家事や仕事に追われ、ほめる時間も心の余裕もありません。したがって、ほめたくてもほめられず、逆にイライラが溜まり怒ってしまいます。

そこで、ペアレント・トレーニングでは、毎日忙しい保護者でも、無理なく継続して子どもの行動をほめることを実現するために「スペシャルタイム」を学んでいきます。

ペアレント・トレーニングにおける「スペシャルタイム」のルールは5つです。

①事前に子どもに「スペシャルタイム」について話す。

②「スペシャルタイム」の時間を親子で決める。

③子どものしたいことや好きなことを行う（スペシャルタイムにおける主導権は子どもにある）。

④保護者は、絶対に否定的な関わり（注意や指導）をせず、受容的な姿勢で関わる。

⑤スペシャルタイムの中での子どもの良い行動をほめる。

ポイントは、保護者の気持ちに余裕がある時間で、子どもと二人きりになれる時間を探すことです。また、スペシャルタイムの長さは、15分~20分が妥当です。これ以上長いと保護者の負担が大きくなり、疲れて受容的な関わりを続けることができなくなるからです。

忙しい毎日の中でも、無理なく子どもをほめることを継続させることが目的です。片手間やイライラモードの中で中途半端にほめるより、短時間で集中してほめた方が効果は確実に現れます。

「スペシャルタイム」を行うメリットとしては、

①ほめる練習ができる。

・余裕のある時間なので、素直な気持ちで子どもをほめることができます。

②子どもの興味関心や遊び方、遊びのペースが分かる。

・注意や指導などをせず受容的に関わるので、子どもが考える遊び方を最初から最後まで観察することができ、子どもの遊びのペースや特徴が掴めます。そのため、子どもの行動に合った、より効果的な関わり方を見つける参考になります。

③親子間のトラブルが減る。

・関わる時間が具体的に決まっていないと、家事や仕事で忙しい時に「遊ぼう！」と言われることになり、空気が読めない子どもに対して、イライラで怒ってしまう結果になります。また、子どもにとっても「今一緒に遊びたいのにいつも遊んでくれない。どうせ僕のことが嫌いなんだ」と落ち込んでしまい、イライラに繋がる結果になります。「スペシャルタイム」

を具体的に決めると、保護者から「○○時にスペシャルタイムをしよう！」と伝えることができ、子どもにとっては「○○時からお母さんは遊んでくれる！」と見通しが持て、お互いがイライラせず、安心して過ごすことができるようになります。

④兄弟児に対するケア

・発達障がいを持つ本人に手がかかり、どうしても兄弟児は後回しになってしまいます。兄弟児自身は、親の立場や自分の立ち位置をよく分かっているので、親にかまって欲しい気持ちを持っていても、我慢することが多くなります。そこで、兄弟児にも「スペシャルタイム」を作り、無理なく兄弟児と関わる時間を確保するのです。兄弟児にとっては短い時間だとしても「スペシャルタイム」の時は親を独占することができ、日々抱いている気持ちを素直に表出することができるため、寂しい気持ちを満たすとともに、安心感を感じることができます。

⑤大人側の休憩

・普段から子どもとの距離が近い方や、子どもが不登校で一緒に過ごす時間が長い方にとっては、すでに毎日がずっとスペシャルタイムのような状態であり、親自身の時間を奪われ、心身ともに疲れ切っている状態の方がいます。そこで視点を置き換え、保護者のためのスペシャルタイムを作ることが有効になります。

例えば、

・「20時〜20時半は、ママの読書タイム」

・「21時〜22時は、ママのドラマの時間」

などと具体的に保護者のための時間を作り、その間は子どもとの距離をとり、一人の時間を確保するのです。具体的にすることで、子どもにとってはいつになったらまた相手してくれるのか分からない不安は感じる必要がなく、親のスペシャルタイムが終わればまた相手してくれると、見通しを持って安心して待つことができるようになります。短時間でも大人側の一人の時間を確保できれば、ストレス解消に大きな効果を表します。

以上のように「スペシャルタイム」には、たくさんのメリットがあります。お互いが一方的に主張し合うのではなく、お互いが納得した具体的な形を作ることで、すれ違いをなくし、イライラのない肯定的な関係を作ることができるのです。手間はかかりますが親子関係の改善に絶大な効果を発揮します!

7 子どもが確実にできる1歩目を見つけましょう！

子どもに対して、「宿題しなさい！」「部屋の片づけをしなさい！」「寝る準備をしなさい！」などと指示を出した経験は、ほとんどの保護者がされていると思います。これらの指示だけで、子どもは保護者から求められていることを理解し、嫌々ながらも実行することができます。しかし、発達障がいを持つ子どもにとっては、何からすれば良いか分からず、途方に暮れ、指示に従えない結果となってしまいます。保護者からすると「こんな簡単なことがなぜできないのか？」と理解できず、怠慢や反抗と捉え、強く叱責してしまうのです。

◉ここで子どもの人生を変える視点！
「子どもへの指示をスモールステップ化しましょう！」

スモールステップとは、「小さな段階」というように、子どもに求める行動をより細かく分け、一つ一つの行動を、実行しやすい形にしていきます。そうすることで、子どもにとってのハードルが下がり、小さな成功を積み重ねながら、大きな目標を達成できるようにしていくことです。それでは、「宿題」「片付け」「寝る準備」をスモールステップ化してみましょう！

寝る準備をする（例）
①テレビを消す ②出したオモチャをオモチャ箱に入れる ③出した本を本棚に片付ける ④歯を磨く ⑤トイレに行く ⑥部屋に行く ⑦布団に入る ⑧電気を消す

部屋を片付ける（例）
①机の上のオモチャをオモチャ箱に入れる ②机の上の本を本棚に片付ける ③机の上のゴミをゴミ箱に入れる ④床にあるオモチャをオモチャ箱に入れる ⑤床にある本を本棚に片付ける ⑥床にあるゴミをゴミ箱に入れる ⑦掃除機をかける ⑧ゴミ箱のゴミを大きなゴミ袋に入れる

宿題をする（例）	
①遊びをやめる ②遊び道具を片付ける ③部屋に行く ④ランドセルから宿題を出す ⑤筆箱を出す ⑥漢字の宿題内容を確認する ⑦漢字ドリルを行う ⑧分からない時は聞く ⑨丸付けをしてもらう ⑩漢字ドリルを置く ⑪算数の宿題内容を確認する	⑫計算ドリルを行う ⑬分からない時は聞く ⑭丸付けをしてもらう ⑮計算ドリルを置く ⑯音読の内容を確認する ⑰聞いてもらうために親を呼ぶ ⑱音読を行う ⑲親にサインをもらう ⑳宿題をランドセルに入れる ㉑ランドセルを片付ける

一見すると、スモールステップ化しなくても簡単にできそうな行動ばかりです。しかし、スモールステップ化することで、3つの大きな効果が生まれるのです！

①分かりやすい

・子どもにとっては、最初にすることや次にすることが具体的に決まっていることで、悩まずに一つ一つ取り組み、安心して大きな目的に向かって行動することができます。「料理レシピ」「カーナビ」などを想像していただくと分かりやすいと思います。いきなり「パエリア作って！」「県外まで連れて行って！」とだけ言われても困りますよね。そんな時、手順を1つずつ教えてもらえたら、とても安心すると思います。子どもたちも同じ気持ちです。

②前向きにチャレンジする

・行動を細かく分けることで一つ一つの行動の難易度が下がり、より達成しやすくなります。そのため、小さな成功体験を積み重ねることができ、自信を持って行動するようになります。一つ一つ認められながら進めていくことで、苦手なことに対しても、前向きに取り組もうとする姿勢が身についていきます。

③保護者にとってもスモールステップ

・保護者にとっては、何度も注意をしているのに一向に改善しない状況が続くと、「こんな簡単なことができなかったら将来何もできない子になる」と思い込み、「今のうちに私がどうにかしないといけない！」と、保護者自身が子どもを認めるハードルをどんどん上げることになるのです。それに伴い、子どもへの関わりは叱責や罵倒など、より否定的な関わりになってしまうのです。そんな時こそ、子どもの行動をスモールステップ化することで、保護者が、「できていることを認めていかないと子どもの意欲は上がらないのね」「スモールステップでも成長するのね」「子どもが悪いのではなく、伝え方の問題だったのね」ということが分かり、少しずつ保護者自身のハードルが下がっていきます。それと同時に、常に張りつめていた保護者の肩の荷が下り、心身共に楽になるのです。

発達障がい支援では、スモールステップを使って、子どもへのハードルを下げることも大切ですが、同時に、保護者自身のハードルを下げてあげることも非常に大切です。どちらか一方だけを支援しても、効果は上がりません。親と子の両方への支援が問題解決につながります。

8 ギリギリセーフを見つけよう！

子どもの1日のスケジュールや活動の段取りなどは、ほとんどが保護者などの大人が決めています。つまり、大人側のスケジュールや都合に合わせた流れになっており、決めた通りにならないと、子どもは注意されたり怒られたりすることになります。これでは、子どもの良い行動は見えず、できていない行動ばかりに注目することになり、注意や叱責などの否定的な関りばかりが増えていきます。

◉ここで、子どもの人生を変える視点！
「ギリギリセーフを見つけよう！」

ギリギリセーフとは、大人が決めたルールや流れ通りではないが、結果的に「許容範囲の中で目的を達成するためにとった行動」や「条件や環境が揃えば現れる行動」などのことです。

【求められる行動】

帰宅後すぐに宿題をする

↓

（ギリギリセーフ）

・帰宅後すぐにはしないが、寝るまでに終わらせている
・その日の内には終わらせることができないが、次の日の朝に残りの宿題をしている
・一度に全部を終わらせることはできないが、３回に分けてしている
・家ではできないが、学校の休み時間にしている

【求められる行動】

毎日、整理整頓を行い散らかさない

↓

（ギリギリセーフ）

・毎日はしないが、週1回は片付けている
・一人ではできないが、手伝えば片付けることができる
・自発的にはしないが、指示されれば片付ける

【求められる行動】
イライラしても相手の状況を考慮して話し合う

←

（ギリギリセーフ）
・イライラしても手を出さず物に当たる
・イライラすると暴言を吐くが、1回で止める
・イライラしてその場を離れるが、クールダウンして自ら戻ってくる

←

【求められる行動】
親に「ダメ」と言われたら素直にあきらめる

←

（ギリギリセーフ）
・他の物や活動で我慢する
・10分ほど文句を言い散らすが、その後切り替える

大人が求めている行動とは異なりますが、子どもなりに考えて取り組もうとしている行動は、認めるべき立派な行動です。要求水準に満たなかったとして、頭ごなしに怒ってしまうと、子どもはいつまでたっても失敗を繰り返すばかりで一向に問題は解決されません。

そうならないためにもギリギリセーフの視点を使って、
・親の言う通りにはしないけれど宿題は終わらせている
・ブーブー文句は言うが片付けている
・大声で叫んではいたがゲームを止めた
・癇癪は出したが手は出さなかった
・友達の前では我慢していた（環境）
・代わりのものがあれば納得する（条件）

・手伝ってあげれば最後まで取り組める（条件）

などの行動の中にある、ギリギリセーフでできている行動を見つけ、良い行動として認めていくことが、子どもの意欲を上げ、結果的に保護者が望む行動に近づいていくのです！

9 子どもへ届けばＯＫ！　遠回り応援術！

保護者から直接わが子に対して、良い面をほめたり、できていない面を注意したりすることは、ごくごく一般的で、どこの家庭にも見られることです。子ども自身も、一番身近な存在である親からの評価や注意を通して、自分の得意な面を伸ばし自信を獲得しつつ、苦手な面にも前向きにチャレンジする姿勢を身に付けていきます。

しかし、発達障がいを持つ子どもの場合は、そう簡単にはいきません。わが子のためを思って行った親からの関わりを、素直に受け入れることができず、拒否してしまうことが多いのです。決して親に対する嫌がらせではありません。受け入れることができない理由があるのです。

理由としては、

〈評価に対して〉

・ほめられても自信のなさから「どうせ次はできない」と感じ拒否する
・ほめられても自己肯定感の低さから「馬鹿にされている」と感じ拒否する
・親から直接ほめられても、どう返したら良いか分からず拒否する
・自分自身がほめられるより誰かの役に立っていることの方が受け入れやすい

〈注意に対して〉

・直接注意されるとすべてを否定されたように感じる
・苦手な部分を指摘されるとできない自分が浮き彫りになり落ち込んでしまう
・不利な立場になると納得ができず素直に受け入れることができない

などが挙げられます。このように、保護者からの賞賛や注意がいくら正しいものだとしても、直接というだけで、子どもにとっては受け入れづらいものになってしまうのです。

◉ここで、子どもの人生を変える視点！
「遠回り応援術を使おう！」

《間接評価》
親から直接評価するのではなく、第三者を経由して評価を行います！

・「お父さん聞いて！　〇〇ちゃん　今日一人で宿題最後までしたのよ！」
←　直接ではなくお父さんに報告する形で評価する。もちろん聞こえるように！

・「担任の先生が〇〇ちゃんとても優しいってほめてたよ！」
←　お母さんからの評価ではなく担任の言葉として評価する

《アイメッセージ評価》

子どもを主語にしての評価ではなく、親を主語にして伝えます！

・荷物を持ってくれて「お母さん嬉しい！」
・暴言を言われて「お母さん悲しい」
　　←
直接の評価や注意ではなく、自分自身がどう感じているかを伝える方法です。
＊子どもを主語にしないことで、皮肉や否定と捉えられることを避けることができます。
また、自分が評価されるより、誰かの役に立つ方に喜びを感じるタイプの子どもに有効です。

《ポジションチェンジ》

子どもを不利な立場に立たせるのではなく、アドバイスをする立場に立たせて、問題を意識させる方法です！

・「お母さんね、最近忘れっぽくて困っているのよ。どうしたら良いかな？」
←
本当の狙いは子どもの忘れ物。直接注意すると怒ったり落ち込んだりして問題に向き合うことが難しくなるので、大人ができない振りをして一緒に改善策を考えさせる方法

《文字で伝える》メール・LINE・ホワイトボード

言葉で直接評価したり注意したりすると、面と向かっているだけにお互いの感情が出やすく、少しでも言葉の捉え方がすれ違うと「また馬鹿にするのか？」「そういう意味じゃない！」と喧嘩になってしまうことも多いものです。

そこで、言葉ではなくメール・LINE・ホワイトボードなどを使い文字で伝える方法です。文字だと比較的落ち着いて読むことが可能で、自分のペースで受け入れる準備ができるのです。特に高学年から上の年齢の子どもに有効です。

お伝えした方法は、直接の関わりに比べると手間がかかります。しかし、ここでのポイントは、いかに親の気持ちが素直に子どもに届くかどうかです。直接の関わりでは、どうしても子どもからの期待通りのリアクションや反省を求めてしまいます。そうなると、期待外れの行動に対して、否定的な感情が沸き上がってきます。余計な炎上を避けるために、「遠回り応援術」を有効に使っていきましょう！

はこでみ日記③

こうたろうさん（仮名）　「ほめてもらえる場所」

こうたろうさんは、相手のためなら労力を惜しまないとても気遣いのできる小学４年生の男の子です。はこでみでは、年下のお世話や他のメンバーの遊び相手などを積極的に行い、皆を笑顔にしてくれます。

しかし、自分のことになると、忘れ物が多い・片付けができない・時間や約束が守れないなど苦手なことが多く、家でも学校でも怒られることが多いのです。

こうした日々の失敗体験により、自分に自信が持てず、何事に対しても意欲が上がらない状態になっていました。さらに、親や教師からの関わりは全て叱責と捉えるほど自己肯定感が下がっていました。

そんなこうたろうさんですが、**はこでみ**では他のメンバーのために意欲的に動きまわっていました。確かに持ち物管理や時間管理の苦手さは目立っていましたが、**はこでみ**では、苦手な面を否定するのではなく他のメンバーに対する優しさを徹底してほめ続けました。ほめられたこうたろうさんは最初は戸惑っていましたが、次第に嬉しそうな表情を見せるようになり、家でもお母様に「ほめられてメッチャ嬉しかった！」と素直な気持ちを伝えるようになりました。

我々のような放課後等デイサービス事業所のスタッフは、関わる子どもの人数や行うプログラム的にも無理なく子どもたちに対してほめる関わりを行うことができます。その立場を利用して徹底してこうたろうさんの良い面をほめ続け、自己肯定感を上げることに集中しました。すると、こうたろうさんは、苦手な面での失敗を繰り返しても自分自身を否定することが減っていきました。他者からほめられることで自分自身を肯定する力を身に付けたのです。

こうたろうさんは、今日も他のメンバーの笑顔と自分の良い部分をほめてもらうために元気に**はこでみ**にやってきます！

発達障がいの特徴の一つとして、

注意や集中ができず、ミスしないように継続的に意識する事や同時に複数の行動を行うことが苦手です。そのため、「片付けができない」「約束が守れない」「忘れ物が多い」「スケジュールや段取りが組めない」などの状況になりやすく否定的な評価を受けやすいのです。

第４章

保護者を楽にするためのポイント

1 お母さん、あなたのせいではありません！ そして一人じゃありません！

「子どもの気持ちを全然理解していませんね！」

「子どもの将来をきちんと考えていますか？」

「ちゃんとしつけをしていないから子どもが調子に乗っている」

「母親が甘すぎる」


発達障がいの子どもを持つ母親に投げつけられる言葉です。誰からの言葉かというと、一番の理解者であってほしいご主人や家族、または最後の頼みの綱である専門家からの言葉なのです。

そんな言葉をかけられた母親は、

「私がちゃんとしないと」
「子どもの問題は私のせいだ」
「子どもの将来を見据えて、早め早めに動かないと間に合わない！」

と思い込み、自分自身の許容範囲以上に頑張り過ぎてしまい、仕事や家事、子育てに追われながら、徐々に疲弊していきます。そのため、心身ともに余裕をなくし、冷静な判断ができず、何もかもがうまくいできない自分を責める悪循環になってしまうのです。このような状況のままでは、どれだけ正しいアドバイスや指摘を受けたとしても、毎日の生活の中で実行する余裕がなく、何の効果も生まない状況になってしまいます。

発達障がい児支援の一番の問題点は、母親の孤立です。子どものさまざまな問題の原因は母親のせいだと決めつけられ、世間からの冷たい視線を一身に浴び、追い詰められ孤立感を深めていきます。この問題は何よりも早急に対応していかなければいけないと強く感じています。

◉ここで、子どもの人生を変える視点！
「発達障がいの問題は、お母さんのせいではありません！
そして、一人で抱え込む問題でもありません！」

この問題に対応するためには、

・定期的に相談できる人（理解のある人。必ずしも専門家である必要はありません）
・同じ境遇の保護者と安心して話ができる場

この2つが必要不可欠です。

私も保護者支援の一環として、月1回「はこでみ親の会」と題して、定期的な保護者支援を行っています。専門的なトレーニングなどはしていません。同じ境遇の保護者同士が集まり、心から気持ちを共感共有できる場所作りを目的に行っています。しかしそれだけでも効果は絶大で、参加した保護者の気持ちや表情がどんどん明るくなっていきます。皆さん出会った当初は、人生のどん底にいるように、わが子の将来を悲観して、怒りや悲しみに溢れていました。しかし、親の会に参加するたびに、少しずつ笑顔を取り戻し、わが子への関わりに対しても意欲を出せるようになっていくのです。

「はこでみ親の会」に参加している保護者の声を紹介します。

・「子どもの行動をじっくり見ることができるようになり、子どもの考えやペースが分かるようになりました」

・「宿題は親だけの責任ではなく、関わっている人全員で考えていくものだと思えるようになりました」

・「どうすれば宿題に取り組めるかについて、子どもの特徴に合わせた関わり方を考えるようになりました」

・「学校で頑張っている分、家ではリラックスさせてあげようと思い、要求のハードルを下げました」

・「親の思い通りにならなくても、親自身が気持ちを切り替え、前向きな方へ進めていく努力をしています」

・「夏休みなど長期休暇の後は、いきなり学校モードになるのは難しいと受け入れ、慣れるまで無理をさせないようにしています」

保護者としては困っている状況に変わりありませんが、全て前向きで、子どもの目線に立った対応をしています。なぜこのように前向きに考えることができるのか。それは保護者自身の心に余裕があるからです。

「親の会に行けば皆に会える！」

「隠すことなく安心して自分の気持ちが話せる！」

「自分の気持ちや状況を理解して共感してもらえる！」

「辛いのは自分だけじゃないんだと安心できる！」

「現在行っている関わりが良いかどうかの確認ができる！」

「ピンポイントのアドバイスがもらえる！」

このように感じることで、心身ともに楽になり、何事にも前向きな姿勢を保つことができるようになるのです。

全国の発達障がいの子を持つ保護者の皆さん！

あなたのせいではありません！　そして一人ではありません！

親の会を通して、信頼できる人と共に考え、共に失敗し、共に喜び合うことで、不安でいっぱいの毎日を、前向きに乗り越えるパワーがついていきます。劇的な子どもの変化はありませんが、少しずつ成果を積み重ね、親子共々笑顔を増やしていきましょう！

2 「待つ勇気」を持つと、驚くほどの効果があります!

多くの保護者は、わが子が指示通りにすぐ行動しなかったり、時間を守らなかったりした場合、注意や説教などの否定的な関わりをとってしまいます。保護者側からすれば、ちゃんと指示したのに従わなかったわけなので、子ども側に非があると考えるのも無理はありません。

しかし、保護者の関わりをよく見ると、1つの問題点が浮かび上がってきます。それは、本来の指示とは別の、余計な指示や声かけが多すぎるということです。保護者としては、早く行動させようと指示や声かけを行っているのですが、ほとんどの場合が、火に油状態になってしまい、逆効果になっているのです。そのため、お互いヒートアップしてしまい、親子関係の悪化につながってしまいます。

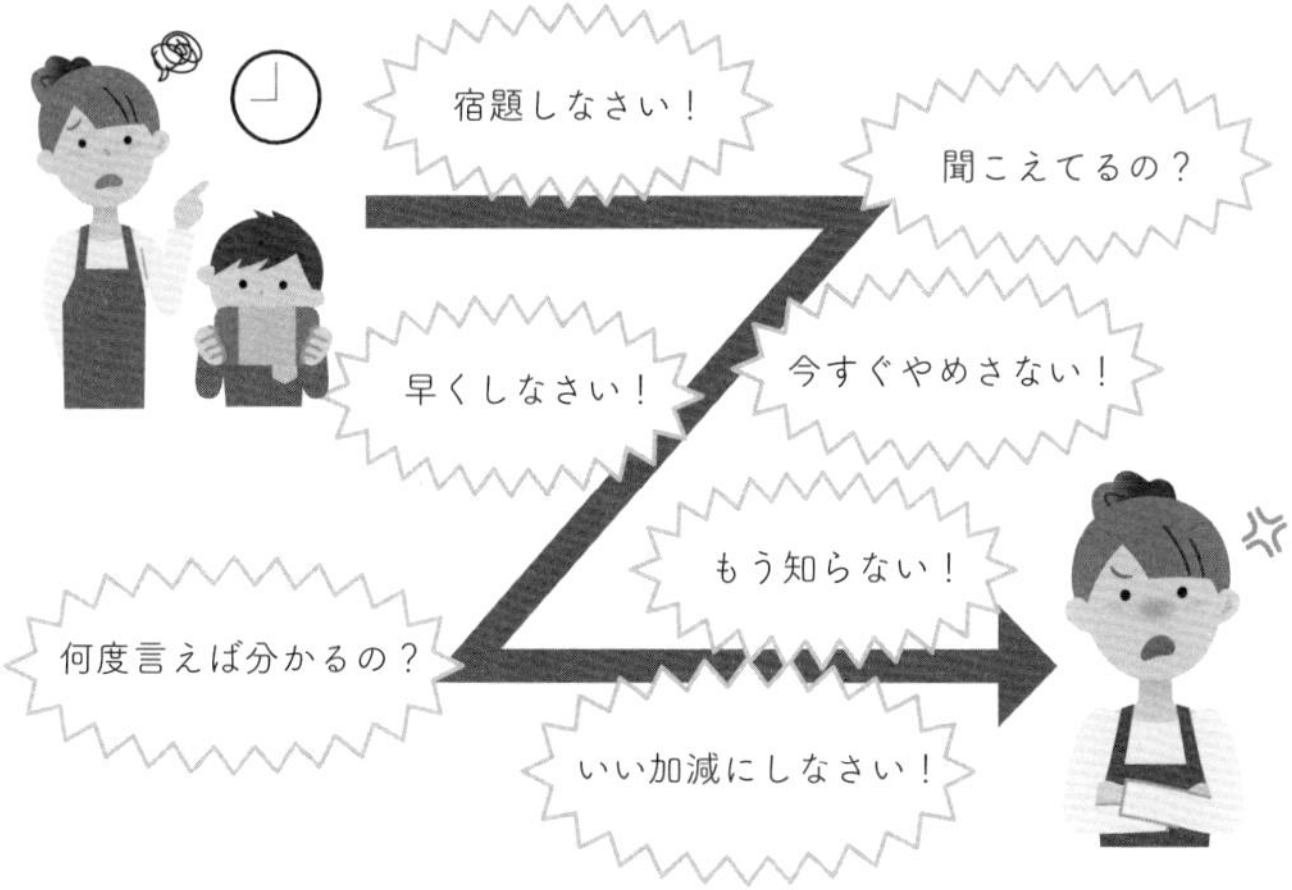

「すぐに言うことを聞かない子どもが悪い！」
・指示や声掛けを繰り返すたびに感情がヒートアップしていき、自分が決めた段取り通りにいかないことが許せなくなり、どんどん否定的な言葉がエスカレートしていき余計な声掛けが増えてしまう。

「お母さんのせいで宿題したくなくなった！」
・せっかく気持ちを切り替えて宿題をしようと思っていた矢先に否定的な声掛けを繰り返し浴びせられ意欲が減退してしまう。

もう一つ、宿題の場面での、保護者から子どもへの声かけです。

一つ一つの声かけは、注意するときによく使う言葉です。しかし、一つ一つに引っ掛かり、失敗してしまう子どもにとっては、指示の数だけ否定になるのです（ちなみに左の図は指示が28個あります）。保護者は宿題に取り組ませようと必死です。しかし、子どもにとっては、28個のハードルを課せられ、飛び越えても飛び越えても否定され、失敗を繰り返し、完全に意欲を失っていくのです。

この状況は当たり前なのでしょうか？　このままで、子どもの状況は改善されるのでしょうか？

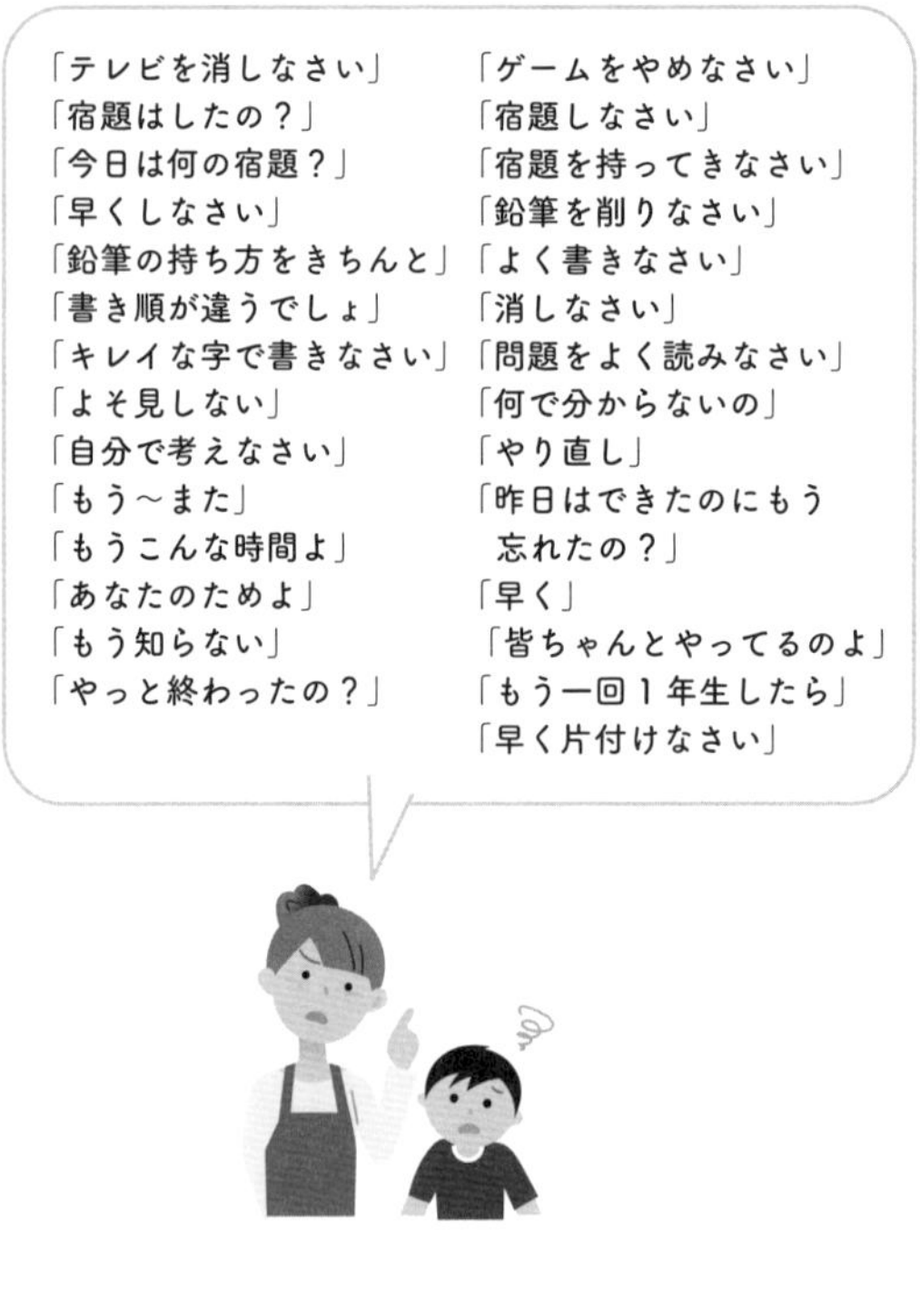
「テレビを消しなさい」

「宿題はしたの？」

「今日は何の宿題？」

「早くしなさい」

「鉛筆の持ち方をきちんと」

「書き順が違うでしょ」

「キレイな字で書きなさい」

「よそ見しない」

「自分で考えなさい」

「もう〜また」

「もうこんな時間よ」

「あなたのためよ」

「もう知らない」

「やっと終わったの？」

「ゲームをやめなさい」

「宿題しなさい」

「宿題を持ってきなさい」

「鉛筆を削りなさい」

「よく書きなさい」

「消しなさい」

「問題をよく読みなさい」

「何で分からないの」

「やり直し」

「昨日はできたのにもう忘れたの？」

「早く」

「皆ちゃんとやってるのよ」

「もう一回1年生したら」

「早く片付けなさい」

◉ここで子どもの人生を変える視点！
「ほめるために待つ！」

「待つ」とは、ただ待つだけではありません。「否定的な関わりをせず子どもの良い行動を待つ」つまり、保護者からの声かけは最小限にとどめ、見て見ぬ振りをしながら、子どもの良い行動を待つのです。そして良い行動が出たらすかさずほめる！　子どもをほめるために待つのです！

「待つ」対応のポイントが3つあります。

① **「子どものペースを尊重する」**

・子ども自身が自ら気づいて切り替えるタイミングを待つことが重要です。
・自身が自ら気づいて切り替えるのに、どの位時間が掛かるかを把握する。

（子どもの実力を知ることはとても大切です。知ることで今後の対応の指標となります）

② **「感情的にならない」**

・ＣＣＱ（Calm「穏やかに」・Close「近くで」・Quiet「静かに」）

言葉にはどうしても感情が反映されてしまうので、待てずにイライラが募ると、感情的になり否定が止まらなくなってしまうものです。そこで、ＣＣＱを常に意識しながら、冷静な関わりができるようにしていきます。

③「ほめる」

・今までの努力は、すべて「ほめる」ためのものです！

・「待つ」ことで余計な争いを避け、冷静に子どもの良い行動に注目するようにしましょう！

子どものペースに合わせて「待つ」ということは、想像以上に大変です。家事・育児・仕事を1人でこなし、1日のスケジュールや、次の日のことについても考えて動いているお母さんにとっては、なおさらです。せっかく立てた予定を崩され、タイムロスばかりが積み重なることに大きなストレスを感じ、心の中は、悲しさや腹立たしさでいっぱいになってしまいます。お母さんがいないと何も回らない家庭はたくさんあります。お母さんのおかげで、子どもたちは、毎日を大きく困ることなく過ごしています！　これは間違いありません。

しかしながら、保護者側のペースを優先して、子どもの行動を否定し続けても、残念ながら、改善の方向に進んではいかないのです。保護者側が焦ってイライラして、子どものできていない所ばかりに注目する関わりではなく、「待つ」時間を作り、子どものペースに合わせると保護者側にも余裕が生まれ、そこで初めて、子どもの良い所を見る視点を持つことができるのです。肯定的に関わることで、子どもの行動は良い方向に進んでいきます！

「待つ勇気」を持つと、驚く程の効果が、親子に現れます！

3

学校と家では子どもは別人格!?

左の図を見てください。まさか、この二人が同一人物だとは思えませんね。あまりの変貌ぶりに、家での様子を聞いた学校の担任は、「信じられませんね」「全く想像ができません」「ちょっと大袈裟じゃないですか?」などと反応します。

「学校ではとても良い子ですよ!」

「特に問題はありませんよ」

「他の生徒の見本となるような生徒です!」

「係やクラブなど、とても真面目に取り組んでいます!」

*以上のように学校の担任からの評価はとても良い子が家では…

無理もありません。しかし、現実に起こっている話です。

このような状況に立たされている保護者は、わが子の、家と学校の状態の違いに悩み、毎日の対応に疲れ果ててしまいます。なぜこのような極端な違いが現れるのか、ポイントを挙げて説明したいと思います。

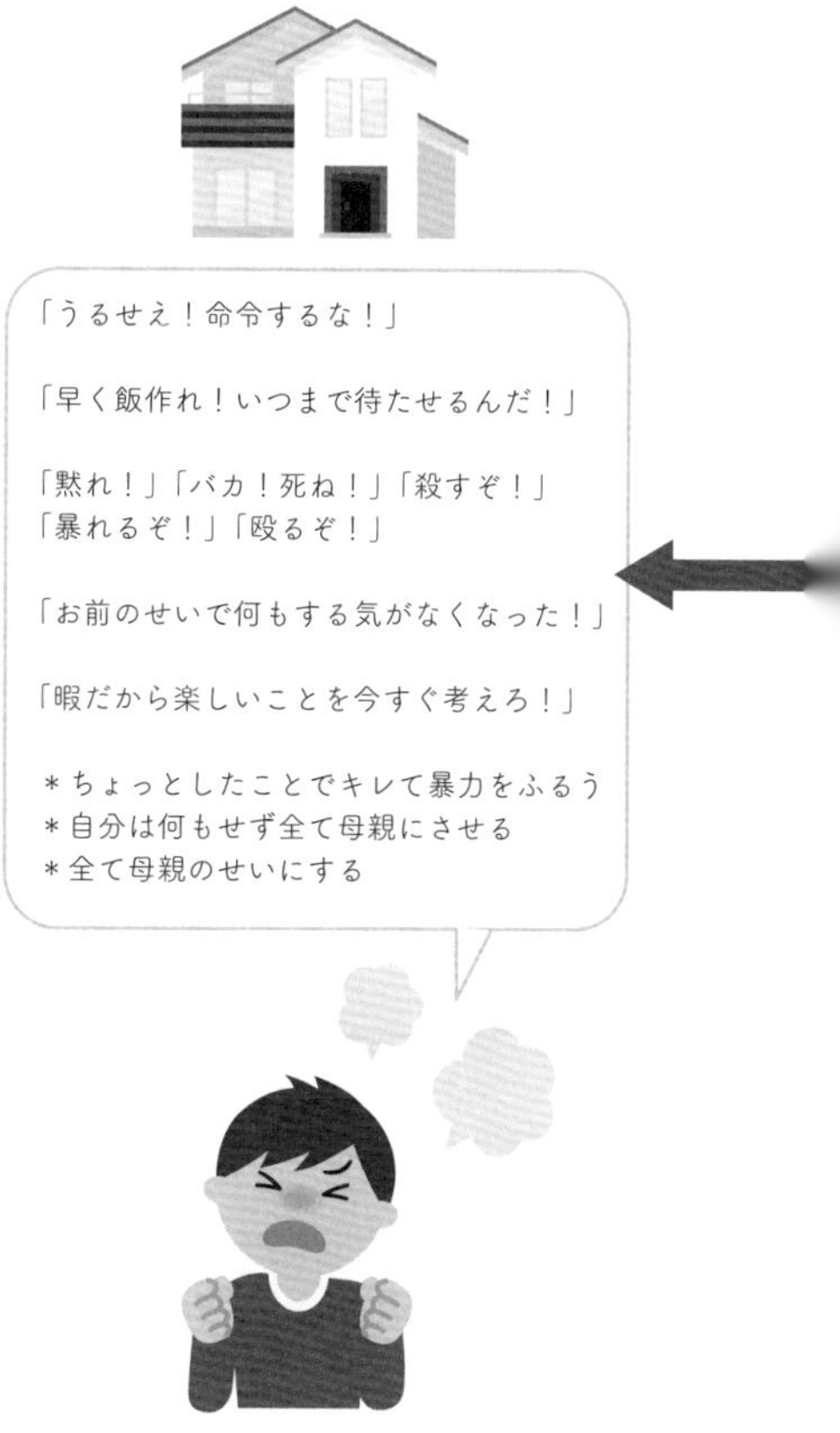
「うるせえ！命令するな！」

「早く飯作れ！いつまで待たせるんだ！」

「黙れ！」「バカ！死ね！」「殺すぞ！」

「暴れるぞ！」「殴るぞ！」

「お前のせいで何もする気がなくなった！」

「暇だから楽しいことを今すぐ考えろ！」
＊ちょっとしたことでキレて暴力をふるう
＊自分は何もせず全て母親にさせる
＊全て母親のせいにする

学校では何の問題も起さず、とても評価の高い真面目な子どもが、実は心では、下図のように感じているのです。そのため、子どもの中でどんどんストレスが溜まり、学校では出せない分、家に帰ってから、暴言暴力として発散するようになるのです。

◉ここで子どもの人生を変える視点！
「学校でも良い子、家でも良い子、を求めない！」

学校でルールを守って頑張り、家でも言うことを聞いて過ごす。一見すると当たり前のように感じますが、発達障がいを持つ子どもにとっては、両方のバランスを取りながら前向きに

学校は刺激が多すぎて
毎日ヘトヘトに疲れる
学校ではずっと我慢し
続けている
本当は行きたくない
見通しがなく、常に
何が起きるのか分からず
ビクビクしている
絶対にルールを
破ってはいけないと
常に気を張っている
自分は真面目にしている
のに他の子のせいで担任
から怒られることが
耐えられない
いつか失敗して皆
からバカにされるの
ではないかと不安を
感じている

過ごすことは、とても難しいことなのです。そこで、今後も引き続きストレスフルな学校生活を続けていくために、家の役割を変えていくのです。

ポイントは、毎日の学校生活でパワーを使い切り、ヘトヘトで帰ってくるわが子が、心から安心してリラックスできる場所になっているかどうかです。

- 自由に遊べる時間が確保されている（大人の都合で取り消したりしない）。
- 大人のペースではなく子どものペースが尊重されている（強制しない。焦らせない。否定しない）。
- 子どもが苦手なことは率先して手伝う（片付けや次の日の準備…）。
- 宿題について担任と協力して考えていく（量を減らす。内容を簡単にする。答えを教える。免除してもらう）。

□リラックスできる場所

□好きなことができる場所

□話を聞いてくれる場所

□自分のペースで過ごせる場所

□気持ちを切り替える場所

□学校に毎日通うパワーを補充する場所

わが子に対して、家では多くを望まず、ゆっくり休ませ、毎朝「今日も一日学校頑張れ！」と送りだし、帰ってきたら、「おかえり！　学校頑張ったね！　お疲れ様！」と迎える環境を作っていきましょう！　子ども自身がストレスを家で安心して解消し、外で頑張る英気を養うことは、将来的にとても重要なスキルとなります。

4 子ども自身の切り替えが何よりも大事です！

保護者はどうしても「癇癪を出さないようにしたい」「離席しないようにしたい」と、子どもの問題行動を無くすことばかりに目が行きがちです。そうすると、ちょっとした逸脱行動や反抗的な行動が許せなくなり、怒ったり注意したりなどの否定的な関わりが増えてしまうのです。

親からの否定的な関わりでも、その裏に隠されている本当の指示内容を察することができる子は、自ら改善へ向けて対応することができます。しかし、発達障がいを持つ子どもは、否定的な関わりだけでは何も学べず、否定されたことだけが頭に残り、「自分は何もできないダメな子だ」と落ち込む一方になってしまいます。

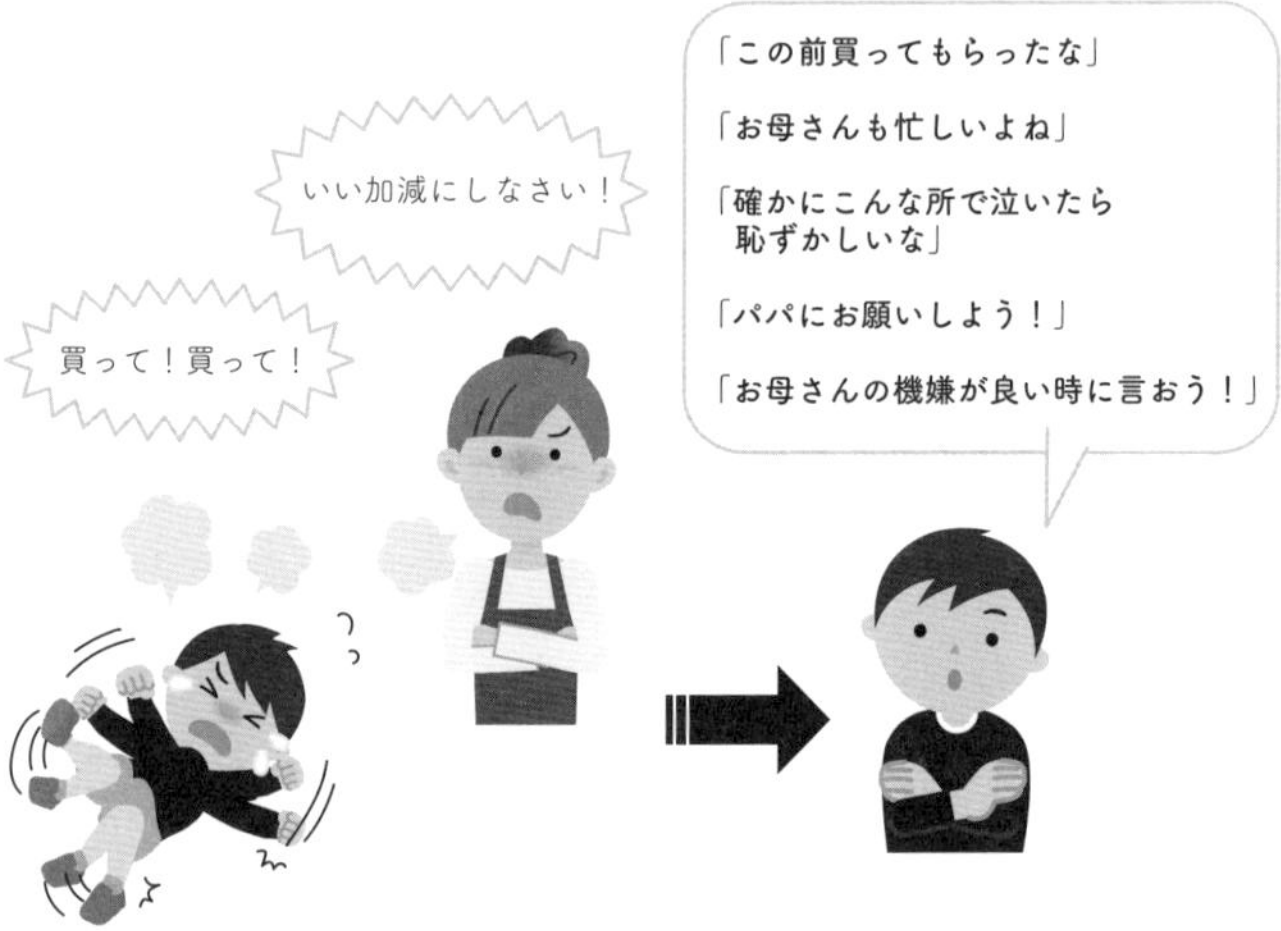
買って！買って！

いい加減にしなさい！

「この前買ってもらったな」

「お母さんも忙しいよね」

「確かにこんな所で泣いたら
恥ずかしいな」

「パパにお願いしよう！」

「お母さんの機嫌が良い時に言おう！」

買って！買って！

いい加減にしなさい！

「何も分かってくれない！」

「お母さんだけ買い物してズルい！」

「何も良いことがない！」

「僕だけ怒られてばっかりだ！」

「お母さんは僕のことが嫌いなんだ！」

◉そこで、子どもの人生を変える視点！「問題行動の後の子どもの切り替えに注目！」

・癇癪を出したが、その後自らクールダウンした。
・離席したが、自分で気づいて席に戻った。
・買って欲しくて駄々をこねたが、次の活動に注意を向けた。
・片付けをすぐにはしなかったが、寝る前に片付けた。

など、問題行動の後に子どもが行った行動に注目し、肯定的に伸ばしていくことが効果的です。もちろん、最初から問題行動を出さないことに越したことはありません。しかし、ここで大事なのは、親に強制的に動かされるのではなく、子ども自身が自分の問題行動を自覚し、そこから自分で切り替え、挽回するスキルを身に付けることです。

そのためには、保護者が、子どもの行動を頭ごなしに悪いと決めつけるのではなく、挽回する時間とチャンスを作ってあげることが必要になります。

問題行動をゼロにするために子どもを怒り続けるよりも、問題行動をした後の挽回行動を数多く伝えていく方が、将来的に考えてもはるかに効果的です。

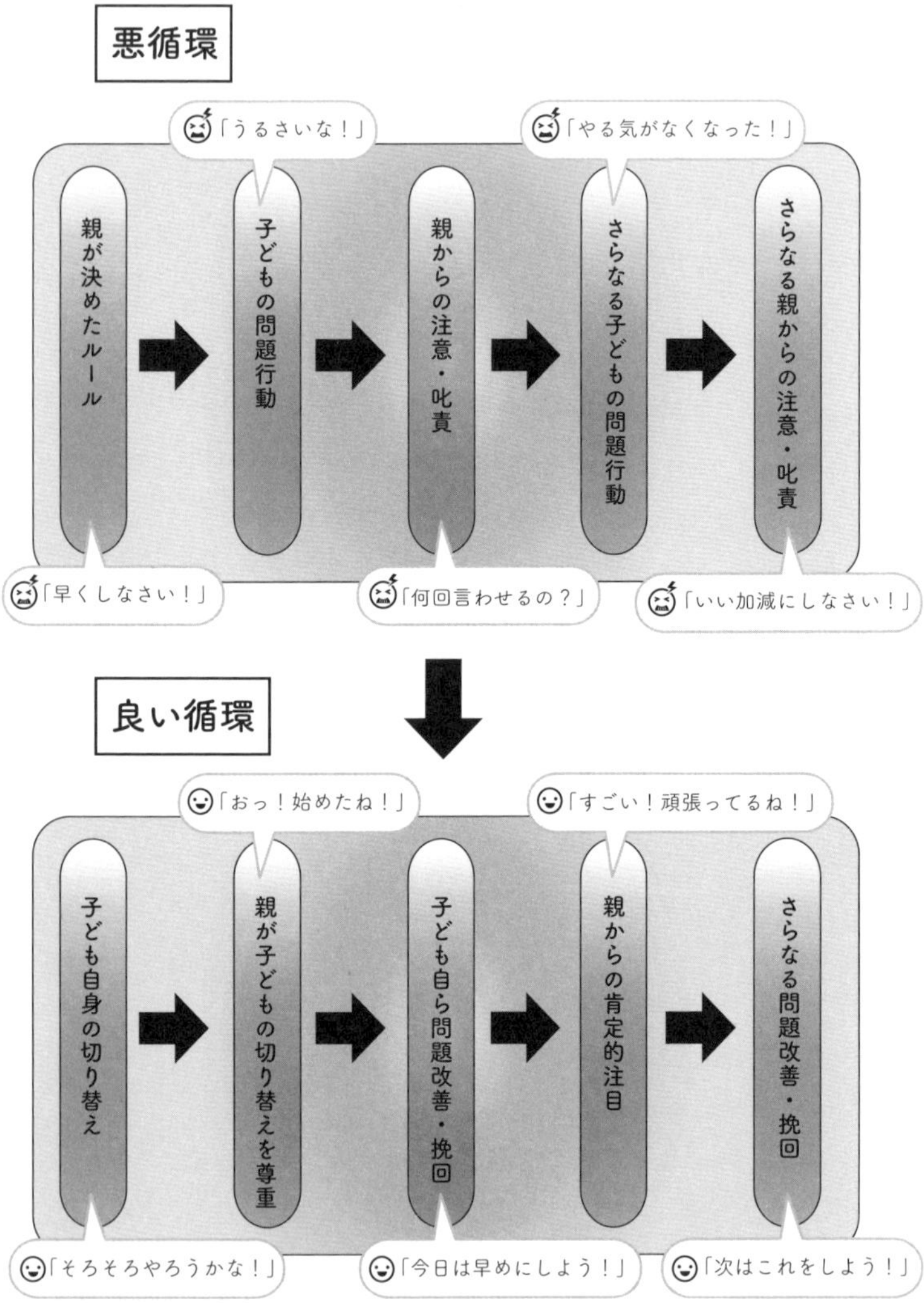

悪循環
親が決めたルール
子どもの問題行動
親からの注意・叱責
さらなる子どもの問題行動
さらなる親からの注意・叱責
「早くしなさい！」
「うるさいな！」
「何回言わせるの？」
「やる気がなくなった！」
「いい加減にしなさい！」
良い循環
子ども自身の切り替え
親が子どもの切り替えを尊重
子ども自ら問題改善・挽回
親からの肯定的注目
さらなる問題改善・挽回
「そろそろやろうかな！」
「おっ！始めたね！」
「今日は早めにしよう！」
「すごい！頑張ってるね！」
「次はこれをしよう！」

親の考えやペースが優先なのか、子どもの考えやペースが優先なのかで、全く状況は変わってきます。

すべてを子どもに合わせて、保護者の考えを捨てろというわけではありません。本書でも何回も出てくる、発達障がい児支援の基本「子どもを変えたいなら、まずは自分が変わる」です！　子どもの意欲を上げつつ、上手に親の目的も達成していきましょう！

5 子どもが自ら関わってくる時はどんな時ですか？

保護者が子どもに対して関わっていく場面は、1日を通して数多くあります。内容としては、ほとんどが「指示」「確認」「注意」「叱責」の4つが多いのが現状です。

左図のように、保護者からの一方的な関わりが大半を占めており、「指示」→「確認」→「注意」→「叱責」の順番に連鎖していき、常に子どものできていない面に注目する、監視的な視点になっていることが多いようです。これでは、子どもは一方的に怒られてばかりで、いつまでたっても意欲は伸びません。

◉そこで、子どもの人生を変える視点！
「子どもが自ら関わってくる理由に注目しましょう！」

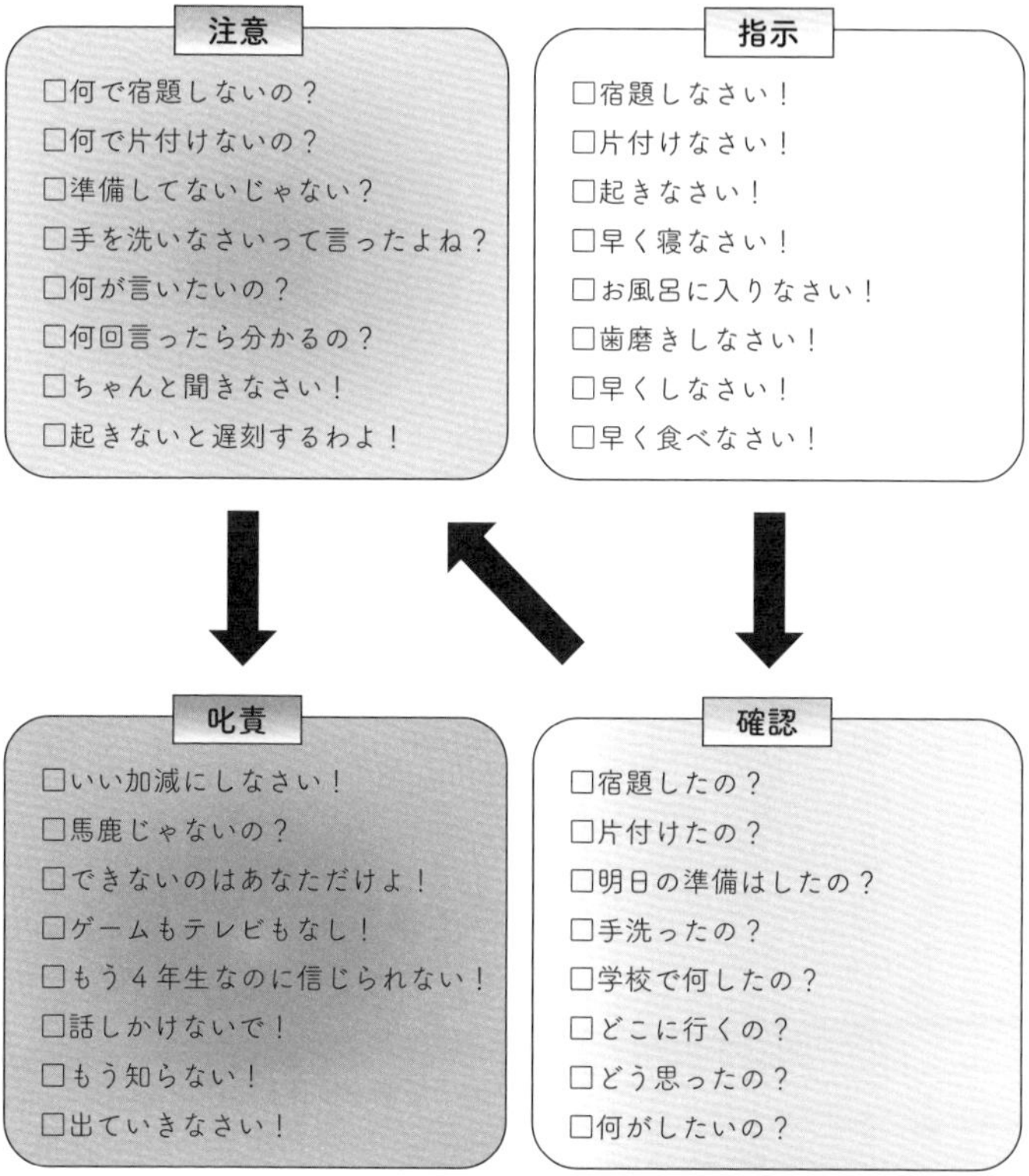
注意
□何で宿題しないの？
□何で片付けないの？
□準備してないじゃない？
□手を洗いなさいって言ったよね？
□何が言いたいの？
□何回言ったら分かるの？
□ちゃんと聞きなさい！
□起きないと遅刻するわよ！
指示
□宿題しなさい！
□片付けなさい！
□起きなさい！
□早く寝なさい！
□お風呂に入りなさい！
□歯磨きしなさい！
□早くしなさい！
□早く食べなさい！
叱責
□いい加減にしなさい！
□馬鹿じゃないの？
□できないのはあなただけよ！
□ゲームもテレビもなし！
□もう４年生なのに信じられない！
□話しかけないで！
□もう知らない！
□出ていきなさい！
確認
□宿題したの？
□片付けたの？
□明日の準備はしたの？
□手洗ったの？
□学校で何したの？
□どこに行くの？
□どう思ったの？
□何がしたいの？

つまり、子ども側から保護者に関わってくる時はどんな時なのかを整理するのです。整理することで、保護者からの一方的な関わりではなく、子どもの気持ちに合わせたピンポイントな関わりが可能になります。

これから、子どもからの関わり方を7つのタイプに分けて説明したいと思います。

イライラタイプ

□「イライラする！」
□「今日学校で嫌なことがあった！」
□「全部お母さんのせいだ！」

＊怒りや不満を親にぶつけてくるタイプ
・日頃のうっぷんをぶつけてくる
・どうして良いか分からず、怒りの感情でしか表現できない（本当はどうにかしてほしい）

甘えタイプ

□「ギュッとして！」 □「ヨシヨシして！」
□常にスキンシップを求めてくる
□常にピッタリくっついてくる
□一緒に寝たがる □赤ちゃんのようにふるまう

＊不安な時や落ち着きたい時に保護者にくっつき甘える形で表現するタイプ

要求タイプ

☐「ゲーム買って！」
☐「お小遣いちょうだい！」
☐「遊園地行きたい！」
☐「レストランに行きたい！」

＊自分がしたいことや欲しい物を常に求めるタイプ
- 自分自身のメリットを最優先に考えている
- 相手の気持ちを考えて動くことが苦手
- したくないことはしない。付き合わない

確認タイプ

☐「これで合ってる？」
☐「後、何分？」
☐「私できてる？」
☐「次、何するの？」
☐「いつ帰る？」

＊自分で考えたり判断したりすることが
苦手で常に確認しないと気が済まないタイプ
- 見通しが持てず不安が強い
- 確認を繰り返す

不安タイプ

□「忘れ物したらどうしよう？」
□「怒られたらどうしよう？」
□「失敗したらどうしよう？」
□「友達に嫌われたらどうしよう？」

＊常に不安を感じ自分では対応ができず、親に対応を求めるタイプ。表現方法には、言葉の他に頭痛や腹痛などの身体症状。または、泣く・固まる・落ち込むなどの感情や状態で表現する

注目タイプ

□「見て！見て！」
□「すごいでしょ！」
□「ほめて！」
□「聞いて！聞いて！」

＊とにかく自分に注目してほしくて関わってくるタイプ。自分が得意なことを発表したり好きな物についてしゃべったりして賞賛や共感を求めてくる

困った時のSOSタイプ

□「手伝って！」
□「教えて！」
□「取って！」
□「持ってきて！」
□「作って！」

＊自分一人の力ではできない時にSOSを出すタイプ。言葉で言えない子は、親の前でウロウロしながら独り言のように「困ったな」と言って親からの「どうしたの？」を待つタイプもいる

など、さまざまなタイプの関わり方があります。わが子がどのタイプにあてはまるか、整理してみてください！

次に、7つのタイプに対する対応例を挙げていきたいと思います。

イライラタイプ

・話を聞いてあげる
・イライラの原因を突き止め、解決してあげる
・イライラで表現するのではなく、適切な関わり方を教える
・適切な関わり方ができたら、すかさずほめて全力で助けてあげる

甘えタイプ

・甘えを受け入れ安心感を与える
・親からのスキンシップを増やす
・一緒に寝たりハグしたりしながら話を聞く
・甘えても良い時間を具体的に準備してあげる（年齢や学年関係なく甘えを受け入れる）

要求タイプ

・子どもが喜ぶイベントやプレゼントを準備する
・どうすれば欲しい物が手に入るのかの見通しや手段を具体的に伝える
・頑張ったり約束を守ったらご褒美をあげる
・本人が好きなことで思いっきり遊べる時間を確保してあげる

確認タイプ

・確認の頻度が多くても否定せずに答えてあげる
・事前にスケジュールを見せ、具体的な見通しを伝える
・突然の変更にならないように、事前に変わるかもしれない可能性を伝えておく
・情報や見通しを視覚的に分かりやすく掲示する

不安タイプ

・失敗しないように手伝ってあげる
・不安がる子どもを突き放さず、求めてきたら相手をしてあげる

・学校や担任と密に連絡をとり、不安が少しでも減るように対応する
・子どもの様子に気を配り、少しでも不安な姿を見つけたら話を聞いてあげる

注目タイプ
・スペシャルタイムを使って、子どもの話を受容的に聞く時間を作る
・子どもの行動をスモールステップでたっぷりほめていく
・肯定的注目を使って頻度高く認める
・本人の良い面をたくさん見つけ、親からほめる関わりを増やす

困った時のSOSタイプ
・子どもからのSOSが出たらすぐに助けてあげる
・子どもの努力不足と捉えず、スモールステップで1つずつ成功させていく
・SOSの適切な出し方を具体的に教える
・SOSを出したこと自体をほめていく

子ども自身が、親に何を求めて関わってきているのかを具体的に把握し、子どもの気持ちを優先して関わることで、子どもの気持ちが満たされ、気持ちの余裕ができます。そうなって初めて、保護者からの要求や指示を素直に受け入れる心の幅が広がるのです。子どもの気持ちを最優先に考え、上手に関わっていきましょう！

郵　便　は　が　き

料金受取人払郵便

8 1 2 − 8 7 9 0

博多北局
承　認
3150

169

福岡市博多区千代3-2-1
麻生ハウス3F

差出有効期間
2021年7月
31日まで

㈱ 梓 書 院

読者カード係　行

ご愛読ありがとうございます

お客様のご意見をお聞かせ頂きたく、アンケートにご協力下さい。

ふりがな お名前	性別（男・女）
ご住所 〒	
電話	
ご職業	（　　　歳）

梓書院の本をお買い求め頂きありがとうございます。

下の項目についてご意見をお聞かせいただきたく、
ご記入のうえご投函いただきますようお願い致します。

お求めになった本のタイトル
ご購入の動機 1書店の店頭でみて　2新聞雑誌等の広告をみて　3書評をみて 4人にすすめられて　5その他（　　　　　　　） ＊お買い上げ書店名（　　　　　　　）
本書についてのご感想・ご意見をお聞かせ下さい。 〈内容について〉 〈装幀について〉（カバー・表紙・タイトル・編集）
今興味があるテーマ・企画などお聞かせ下さい。
ご出版を考えられたことはございますか？ ・ある　　・ない　　・現在、考えている

ご協力ありがとうございました。

6 「自立」の形
〜一人で何でもできることがゴールではありません〜

「自立」よく聞く言葉です。立派な社会人や立派な大人になるために、子どもの頃から求められる「自立」。小中高と学年が上がるごとに、「自立」へのハードルはどんどん上がっていきます。

それでは、具体的に「自立」とはどういう状態なのでしょうか？　想像してみてください。

一般的なイメージで表現すると、

「生活能力・学習能力・判断能力・解決改善能力・社会性能力を兼ね備え、仕事に従事し納税していること」

でしょうか？

漠然とした内容ですが、読者の皆さんはほとんどの方があてはまり、立派に自立した状態に到達していると思います。しかし、すべて1人で行っているわけではありませんよね？

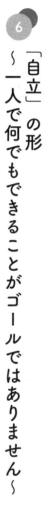

ここが大きなポイントです。世の中の自立している多くの人も、困った時や困難な時は、誰かに頼ったりネットで調べたり道具を使ったりしているはずです。当然の話です。自分以外の力を使うことは、自立の妨げにはなりません。

しかし、発達障がいを持つ人に対しては、私たちがイメージするよりも、はるかに難易度の高い「自立」が求められてしまうのです。その理由としては、発達障がいを持つ子どもたちは、日頃からできて当たり前のことができないことが多く、何度注意しても同じ失敗を繰り返します。そうすると周りからは、できるはずなのにできないということは、本人の努力不足であり怠慢だと捉えられ、「それくらい1人で考えろ！」「言わなくても分かるだろう！」と、自分の力で解決することを求められるのです。誰にも頼らず、1人でやらなければ駄目な状況に追い詰められた結果、さらなる失敗を繰り返し、挫折する悪循環に陥るのです。

◉そうならないために、子どもの人生を変える視点！
「自立の概念を変えよう！」

「自立」とは、すべてを1人でできるようになることではありません。苦手な面やできない面に対して、対応したり改善したりする術を持っていることこそが、本当の自立だと考えています。

具体的な自立スキル

・「分かりません」と言える
・「嫌です」と言える
・「手伝ってください」と言える
・「教えてください」と言える
・人に頼ることができる

以上のようなことが身についていれば、大人になっても十分社会で生きていけます。

子どもに自立スキルを身に付けさせるためには、大人側が、子どもの苦手な面を頭ごなしに否定せず、理解を示し、改善する方法を具体的に教えていくことが必要不可欠です。

自分自身の苦手さを理解してもらえた子どもは、自身の苦手さから逃げず、安心して向き合い、改善策を身に付けていきます。そのことが、将来的な自己理解や障がい理解となり、子どもの長い人生において、自身の苦手さと前向きに付き合いながら生きていくことができるようになります。

「自己否定せず他者の協力を得て生きていく」このことを、大人が肝に銘じて子どもに教えていくことが、「自立」の一歩に繋がります。

7 「自分の関わりは本当にわが子に役立っているのか？」という強い不安

保護者にとって、わが子の問題が改善されず、同じ失敗を繰り返す状況は、とても不安で辛い状態です。

- 「何回言えばできるようになるの？」
- 「これ以上どうすれば良いの？」
- 「私の関わりは子どもの役に立っているのかしら？」

など、保護者自身がどうすれば良いか分からなくなり、先に進めなくなってしまいます。

これは、全て子どもの責任なのでしょうか？　保護者がさまざまな方法を使って支援したにも関わらず、子どもがすべてを拒否した結果なのでしょうか？　実はそうではないの

です。よくよく保護者の話をうかがうと、子どもの立場に立たず、保護者側の立場からの視点で関わっていることが多く、

- **「あれだけ言えば分かるはず」**
- **「もうそろそろ気づくだろう」**
- **「普通はできるよね？」**

などと、大人側の常識にあてはめて判断していることが分かります。

簡単に説明すると、保護者は、子どもに対していきなり80点以上の行動を求めているのです。子どもの現状が20点の行動しかできない状況だったとしても、保護者からの声かけや関わりがあれば、簡単に80点以上の行動ができるはずだと当たり前に捉えているのです。しかし、現状は20点のままなことが多く、保護者が考えているよりもはるかに、子どもには伝わっていない状態なのです。この状況をどうにかしないといけません。

◉そこで、子どもの人生を変える視点！
「子どもを変えたいならまずは保護者が変わる！」

①話しやすい雰囲気を作る

保護者が子どもに対して「これくらいできて当たり前」と、80点以上の行動以外は受け付けない態度を示すと、子どもは委縮してしまい、「30点取るために聞こうと思ったけれど、どうせ怒られる。」と質問することを諦めてしまいます。また、たとえ全力で頑張って70点を取ったとしても、「何で80点取れないの？」と怒られる結果になってしまうのです。これでは、子どもはいつまでたっても失敗を繰り返し、だんだん点数を取ることへの気力がなくなってしまいます。保護者としては、子どものために毎回声かけをしているので、「何度言ってもできない」と理由が分からず、イライラと不安が募るばかりになるのです。

こういった状況を改善するためには、子どもが話しかけやすい雰囲気を作ることがとても大切です。例えば、

・「分からなかったら何でも聞いていいよ！」
・「何回聞いてもいいからね」
・「質問することは、将来的にとっても役に立つからね」

と子どもに伝え、「分からなかったら遠慮なく聞いて良いんだ」と、安心して保護者に話しかけることができる雰囲気を作ることが大切です。子どもに要求するハードルを下げ、子どものペースに合わせた関わりが、問題改善の第一歩につながるのです。

②質問に答える

・「さっき教えたでしょ！」
・「何回も言わせないで！」
・「自分で考えなさい！」

などと、せっかく質問した子どもを突き放してしまうと、すべて台無しになってしまいます。

子どもの立場からすると、

・「**分からないけど、聞いたら怒られる**」

と成すすべをなくし、途方に暮れます。

そうなると、次第に子どもは、

・「**うるせー文句ばかり言うな！**」
・「**俺には関係ない！**」

と攻撃的になったり、

・「頭が痛い」
・「お腹が痛い」
・泣く・固まる・落ち込む

などの身体的や精神的な症状が出たりして、親子共々出口のないトンネルに入り込み、状況はどんどん悪化してしまうのです。

こういった状況を改善するためには、子どもからの質問には、きちんと分かりやすく答える必要があります。

1回の指示で分からなかったり、同世代と比べて遅れていると感じたりしたとしても、子どもからの質問には何度でも答え、子どもが理解できるまで、具体的に説明することが必要です。保護者にとっては手間がかかり嫌気がさしますが、根気よく子どもと関わることで、子ども自身の人に頼るスキルを伸ばし、将来的に自分で問題解決ができるようになっていくのです。

③保護者自身が自分の関わりを振り返る

すべてを子どものせいにするのではなく、

・「もしかしたら、私の伝え方や関わり方が悪いのかもしれない？」

という考えを持って、常に自分自身の関わり方などを振り返ることが、何よりも大切です。

・「複数の指示を一度に出すと難しいのね」
・「いきなり80点以上を求めると80点以下が許せなくなる」
・「子どもができることを指示しないとできないわね」
・「20点から30点になったことを認めてあげないといけませんね」

などと保護者自身が振り返り、自身の関わり方を改善する視点を持つことがとても大事です。その視点を持つことによって、親子の状況は一気に変わっていきます。

以上、3つの視点を通して分かることは、保護者の関わりや支援の効果を確かめるためには、子どもの出来不出来だけで判断するのではなく、保護者自身の関わり方や支援方法を振り返り、子どもの立場に合わせた関わりや支援になっているかどうかの確認が重要です。

「子どもを変えたいならまずは保護者が変わる！」

これは本書の大きなテーマです。と同時に人と人との関わりにおいても、大切なポイントです。しかし、これが一番難しい！　自分を変えることはとても大変です。しかも、自分では当たり前であり常識だと思っていることを、子どもの視点に置き換えていかなければいけません。たった一人で立ち向かうには、相手はあまりに強靭です。ですので、本書で気づいた点を、相談できる人や信頼できる人と一緒に話し合い、できる範囲で少しずつ子どもに合わせた視点を身に付け、わが子に合った効果的な関わりを行っていきましょう。

8 ペアレント・トレーニングには驚きの効果があります！

ペアレント・トレーニングとは、保護者が子どもに合った関わり方を身に付けることで、子どもの好ましくない行動を減らし、好ましい行動を増やすことを目的とした、行動療法に基づくトレーニングプログラムです。

学校の教師や療育の専門家ではなく、子どもの一番近くにいる保護者が、子どもに対する一番の支援者になることを目的としています。

それでは、全12のプログラムの内容を簡単に説明します。

各回の流れ（例）

①子どもの近況報告
↓
②宿題の発表
子どもへの関わり方を振り返る
↓
③テーマに沿った講義
↓
④グループワーク（ノールプレイ）
↓
⑤次回の宿題の説明

プログラムの概要（例）

□月２回（隔週開催）
□１回につき２時間
□全６回～10回
（１クール　３～５ヶ月）
□参加人数　６～８人
（スタッフ　１～３人）

プログラムの内容（例）

第１回　「子どもの行動を３つに分ける」
第２回　「ほめるポイント」
第３回　「ほめるコツ」
第４回　「子どもの行動の仕組み
～ABC分析～」
第５回　「スペシャルタイム」
第６回　「上手な無視の仕方
～ほめるために待つ～」
第７回　「指示の出し方のコツ」
第８回　「制限（警告とペナルティ）について」
第９回　「園や学校との連携について」
第10回　「まとめ」

トレーニングだからといって参加された保護者を否定したりダメ出しをしたりする場ではありません。参加者同士で楽しくお話をしながらわが子に合った関わり方を具体的に学んでいく場です！

各プログラムの説明

①行動を3つに分ける

子どもの行動を「良い行動」「やめてほしい行動」「許せない行動」の3つに分類し、それぞれの行動に対して「ほめる」「無視する」「制限を設ける」と、それぞれ違う対応を行います。行動ごとに対応を変えることで、子どもにとってほめられる行動や無視される行動が具体的に分かりやすくなり、良い行動が強化され増加し、無視や制限をされる行動が弱化され減少するのです。まずは、子どもの行動を3つに分類することから始めます!

②ほめるポイント

子どもをほめることは、簡単そうで、なかなか上手にできないものです。何をいつ、どのようにほめたら良いか分からないからです。「行いをほめる」「ほめるタイミング」「視線を合わせる」「表情を作る」「声の調子」「効果的なほめ方」など、具体的なほめるポイントを学びます。

③ほめるコツ

保護者の方が、一日中「ほめる」を実行しようとすると、疲れたり効果を感じなかったりして、継続できない結果に終わることが多いものです。そこで、「ほめる」を「肯定的注目」に置き換えると、無理なく継続できるようになります。「肯定的注目」とは、励ます、知らせる、ほほ笑む、感謝する、興味を示すなど、子どもの行動に対して肯定的に注目し認めていることを伝えることです。大げさにほめる必要はなく、行動を認めるだけで、子どもの意欲は伸びていきます。ほめるコツを学びます。

④子どもの行動の仕組み（ＡＢＣ分析）

ＡＢＣ分析は、子どもの行動をきっかけ、行動、結果の3つに分けて見ていきます。行動には必ずきっかけと結果が伴います。例えば、「泣く」という行動をＡＢＣ分析で見ると、お腹すいた↓泣く↓ご飯が出てくるとなります。お腹がすいた状況がきっかけになり泣いたところ、ご飯が出てきた。子どもは、泣けばご飯が出てくることを学習し、有効な手段として泣くという行動が強化されるのです。つまりＡＢＣ分析で考えることで、子どもの行動の理由が分かりやすくなるのです。ここでは、行動の前後を整理しコントロールすることで、子どもの行動を、適切な行動に置き換える方法を勉強していきます。

⑤スペシャルタイム

「子どもをほめてください」と言われても、毎日の家事や仕事に忙しい保護者の方にとっては、実行しにくいことがほとんどで、冷静に対応する時間の確保は非常に困難です。気持ちに余裕がない状態で子どもをほめても、余計なことを言ったり感情的になってしまったりと、結果的に親子関係の悪化など、逆効果につながることも多いものです。そこで、落ち着いて子どもと関わる時間「スペシャルタイム」の作り方を具体的に学びます。

⑥無視のポイント（ほめるために待つ）

一般的に「無視する」と聞くと、マイナスなイメージが浮かび、実行しても、「子どもに全く反応しない」「完全に知らんぷりをする」「無視したが、我慢の限界がきて強く怒ってしまった」などの、悪い結果に繋がってしまうことがほとんどです。上手に無視するためのポイントは、「無視する」を「否定的な注目をせず、良い結果を待つ」に置き換えることです。頭ごなしに怒ったりせず、必要最低限の声かけで子どもが動くのを待ち、動いたらほめる関わりを行う。それにより余計な衝突をせず、良い行動だけを強化することができるのです。

⑦ほめると無視の効果的な使い方

ここまで勉強してきた **「ほめる」→「肯定的注目」** と **「無視する」→「ほめるため**

に待つ」の2つを組み合わせた対応をすることで、子どもに対してより効果的な関わりが可能になります。無視することで子どもの好ましくない行動を減らし、ほめることで子どもの良い行動を増やしていく。そうすることで、親子ともに何が好ましくない行動で、何が良い行動なのかが整理されて明確になります。結果的に、お互いが否定的に争うことが減り、良い行動を常に意識できるようになります。保護者の方の関わりを、二つのポイントを意識して整理していきます。

⑧指示の出し方のコツ　①

予告する……急に「〇〇しなさい！」と言われても、子どもはすぐに今やっていることをやめられません。予告することで、子どもが行動を切り替える準備ができるのです。

選択させる……基本は、二つ以上の可能性のあるやり方を提案し、一つを選らんでもらう。例えば、「カードと本どっちを片付ける？」など。命令だと、強制された印象で従いたくない気持ちが強くなりますが、選択だと、自分で決めることができ、気持ちよく指示に従える流れになります。

以上の、2つの効果的な指示について具体的に学びます。

⑨指示の出し方のコツ　②

「○○したら□□できる」という取り決め……行動する代わりに、ご褒美があるという合意で成り立っています。子どもにとっては、親に協力することでご褒美を得られるので、親子間のトラブルが少なくなり、比較的スムーズに子どもの協力を引き出すことができます。

他の子どもをほめて、本人の協力を促す……直接子ども本人に協力を求めるのでなく、あえて他の子どもの行動を子ども本人に聞こえるようにほめていく。それによって、「ぼくもやる！」を引き出すことを狙っていく方法です。決して子ども同士を比べたり非難したりしないことが重要です。

以上の、2つの効果的な指示について学びます。

⑩制限（警告とペナルティ）

今まで勉強してきた　ほめる、無視する、効果的な指示などで対応しても、どうしても対応できない場合に限って、制限やペナルティを使用していきます。

警告……やめてほしい行動や従うべき行動を明確に伝え、その上で従わなかった時のペナルティを、具体的に伝えます。例えば、「宿題をしないと、今日のゲームの時間を15分減らすよ」など。「どうなるか知らないわよ」ではなく、15分などの具体的な数字で示すことが有効です。最後の最後に使う方法として位置付けています。

ペナルティ……本人が楽しみにしているご褒美や時間を失うこと。重要なのは、短時間の罰であることです。いつまで続くか分からない状況は避け、ペナルティの後に、もう一度やり直すチャンスを与えることが重要です。また、ペナルティが終わったら、それ以後は、ペナルティについては水に流すことがルールです。

多くの保護者は、警告やペナルティを多用することが多いものです。しかし、ペアレント・トレーニングでは、「ほめる」「待つ」を最優先に使って関わることが原則であり、警告やペナルティは、最後の手段として位置付けています。

⑪学校や園との連携

ペアレント・トレーニングは、保護者自身がわが子にとっての最良の支援者になることを、最大の目的としています。保護者が適切な関わりを学び、子どもに対する効果的な支援を行うことで、親子関係の改善や保護者自身の気持ちの安定につながります。しかし、親子関係だけ改善されても、子どもが通っている学校や園で効果のない否定的な関わり方をされると、効果が薄まり子どもが不安定になります。したがって、学校や園でも、適切な関わり方を行ってもらうことが必要となります。そこで、学校との連携方法や担任との連絡のとり方などを、具体的に学んでいきます。

⑫全体のまとめ

1年にわたり学んできた、ペアレント・トレーニングの内容を振り返ります。その振り返りの中で、保護者自身の気持ちの変化や対応の変化、わが子の成長など、トレーニングによる効果を、具体的に整理します。子どもにとっても保護者にとっても良い結果が、今後の自信やモチベーションに繋がっていきます。将来的な見通しは、見えにくい状況が続きますが、一つでも多くの子どもの成長を実感することができれば、今後のさまざまな問題にも、自信を持って前向きに取り組めることができます。

ペアレント・トレーニングについての書籍はたくさん出版されていますので、もっと詳しく知りたい方は書籍を参考にしてください。

本書で一番伝えたい内容が、ペアレント・トレーニングの効果についてです。

◉ここで、子どもの人生を変える視点！
「ペアレント・トレーニングの驚くべき効果！」

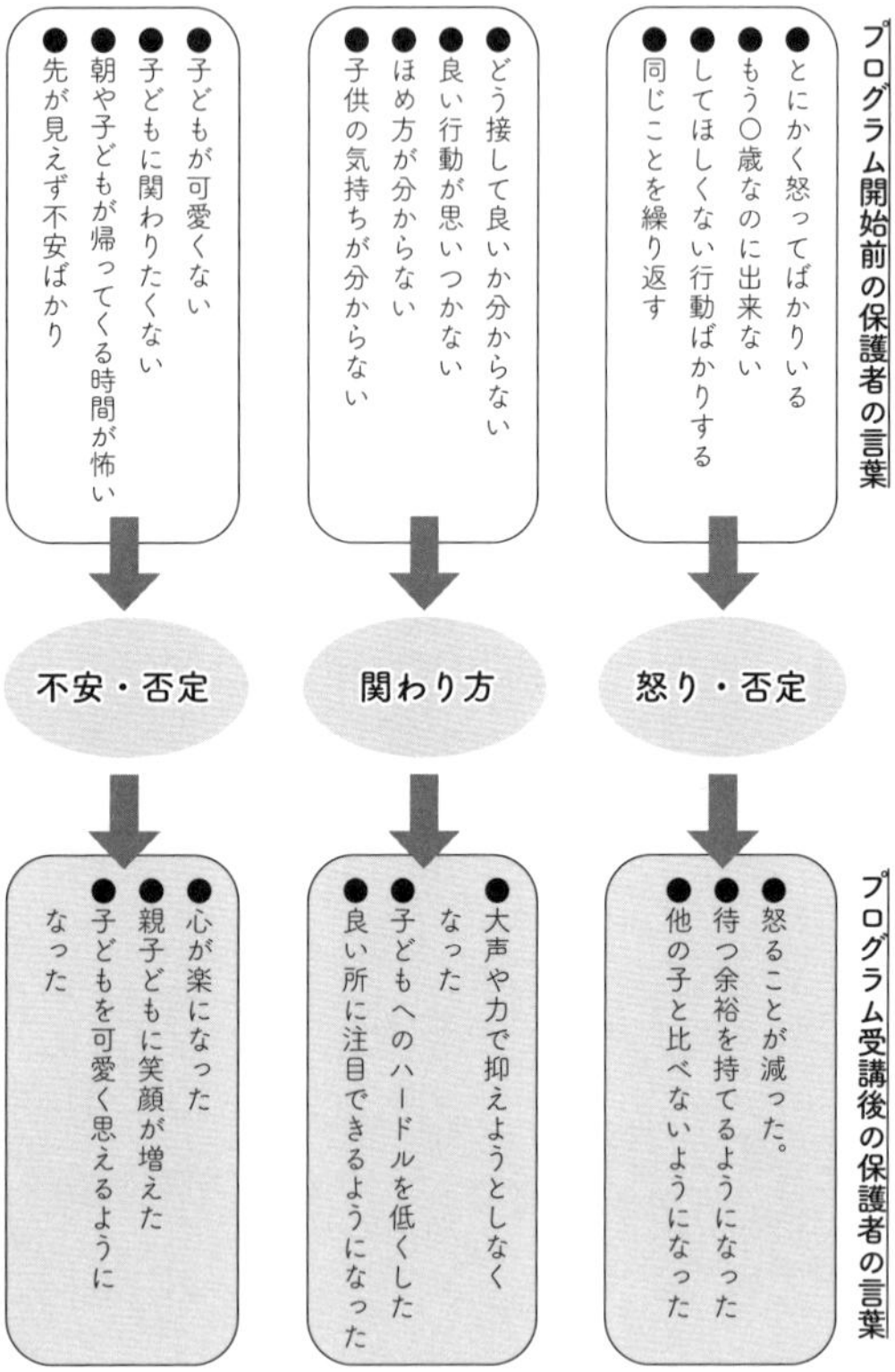
プログラム開始前の保護者の言葉
●とにかく怒ってばかりいる
●もう○歳なのに出来ない
●してほしくない行動ばかりする
●同じことを繰り返す
怒り・否定
●怒ることが減った。
●待つ余裕を持てるようになった
●他の子と比べないようになった
●どう接して良いか分からない
●良い行動が思いつかない
●ほめ方が分からない
●子供の気持ちが分からない
関わり方
●大声や力で抑えようとしなくなった
●子どもへのハードルを低くした
●良い所に注目できるようになった
●子どもが可愛くない
●子どもに関わりたくない
●朝や子どもが帰ってくる時間が怖い
●先が見えず不安ばかり
不安・否定
●心が楽になった
●親子どもに笑顔が増えた
●子どもを可愛く思えるようになった
プログラム受講後の保護者の言葉

この図は、私が行ってきたペアレント・トレーニングに参加した保護者からの感想をまとめたものです。

トレーニングを受けたからといって、子どもの行動が劇的に変化するとは限りません。しかし、保護者の関わり方や気持ちは大きく変化していきます。それにより、保護者の心に余裕ができ、子どもに対する関わりに自信が生まれます。保護者自身が前向きになることで、子どもに合った効果的な関わり方を継続することができるのです。

また、その他にも、次ページの図のように本当にたくさんの効果を発揮します。ペアレント・トレーニングでは、保護者の話を聞き、共感しながら日々の努力を認めることを徹底します。

そうすることで、保護者が自分自身を責めることをやめ、安心して参加できるようになります。孤立から抜け出し、心から共感し合える仲間と共に楽しくトレーニングできることが、驚くべき効果を発揮するのです！

常識・当たり前の変化

- できて当たり前
- 年齢相応を求めた要求課題
- ほめる所がわからない ほめるに値しない

➡

- できないこともある
- 子どもがこなせる要求課題
- 些細なことでもほめられる できたら評価（スモールステップ）

関わり方の変化

- 怒りっぱなし 「怒ってはいけない」と思い込む
- 言うことが日々変わる
- どう関わって良いかわからない

➡

- 行動を評価し、それに応じて対応を変える
- 一貫した関わり
- 具体的な関わり方を知る

保護者の気持ちの変化

- ママ友の同情や家族からの非難が多く、理解されず孤立
- 対応が正しいか不安
- 全て子どものせいにする
- 自信が持てない

➡

- 同じような立場の人と出会い、孤立感が減る
- スタンダードな対応を知り、不安が減る
- 自らの対応を改善する
- 親こそスモールステップ

9 保護者だってほめられたい！

私は、15年間で700名を超える、発達障がいの子どもを持つ保護者の方々と出会ってきました。その中には、さまざまなタイプの保護者がいらっしゃいました。

例えば、

・わが子が発達障がいと診断され失意のどん底にいらっしゃる方
・わが子が発達障がいだとは信じられない方
・とにかく専門家にわが子は発達障がいではないと言ってもらいたい方
・効果的な療育を求め、多くの専門機関に通っている方
・効果的なお薬を求めて受診される方
・わが子との関係が最悪で、疲れきっている方
・学校や担任と戦っている方
・子どもへの関わり方を改善しようと、一生懸命に勉強されている方

・家族や世間からの視線が気になり、肩身が狭くなっている方
・子どもの発達障がいを受け入れ、何事にも前向きに考えている方
・常識を気にすることなく、わが子のペースや考えを尊重できる方
・子育てが一段落し、今度は自分と同じように悩んでいる他の保護者を助けるために動き出している方

この本を読んでいる保護者の皆様にも、あてはまる面もあればあてはまらない面もあると思います。考え方や表現方法は、人それぞれであり本当に多種多様です。

しかし、一つだけ共通しているのは、保護者全員が、わが子のために「私がどうにかしないといけない」と、自分自身を奮い立たせて行動しているということです。状況や表現方法は保護者によってさまざまですが、保護者を突き動かす原動力は、わが子への愛です。どんなに辛く苦しくても、わが子のために懸命に頑張っています。

とはいえ、発達障がいの子どもを育てることは、並大抵のことではありません。いくらわが子への愛で動いていたとしても、保護者一人で抱え込むにはあまりに負担が重すぎ、身も心も限界がきてしまうのです。

そんな大変な毎日を過ごしている保護者の皆様に、支援者という立場の我々は、何をす

べきなのでしょうか?
・効果的な関わり方のアドバイス
・発達障がいの基本知識
・支援機関の紹介
すべてとても大事です。しかし、私が支援者として一番大切だと思う支援は、保護者をほめることです。子どもをほめることももちろん大切ですが、それと同じくらいに保護者をほめることも大切です。子どもの将来が見えづらく、親としての不安がいつまでも消えない状況では、1ミリでも光が見えれば前に進むことができます。その小さな光がキッカケになり、大きな改善に繫がっていきます。その小さな光を灯すために、私は保護者をほめ続けています。

＊ほめる時の言葉としては、
・「頑張りましたね」
・「あきらめずに続けましたね」
・「お子様成長しましたね」
・「間違っていませんよ。そのまま続けましょう!」

・「毎日お疲れ様です」
・「お母様の努力は必ず報われます」

保護者の皆様が前向きになるために、毎回全力でほめ、認め、ねぎらうことを徹底しています。

実際にご家庭で対応するのは、保護者の皆様です。我々のような支援者ではありません。


◉ここで子どもの人生を変える視点！

「子どもをほめるために自分自身をほめてもらおう！」


保護者の皆様！　わが子をほめることはとても大事です。しかし、自分自身をほめてもらうことも、同じくらい大切です。

ぜひ、自分自身をほめてくれる人を探してください。そして、たくさんほめて貰ってください。

はこでみ日記④

たくまさん（仮名）　「道しるべがほしい」

たくまさんは、音楽が大好きで歌がとっても上手な小学５年生の男の子です。最新のヒットソングを何でも歌いこなし、はこでみに何度もカラオケブームを巻き起こしました！

しかし、それは気持ちが安定し活動中の意欲が上がっている時の話です。一転して気持ちが落ち込みイライラが強い状態になると、他のメンバーの宿題プリントを破る・工作中の作品を壊す・将棋やトランプの最中にカードや駒をバラバラにするなど、執拗に相手に対して不適切な行動を繰り返してしまいます。

本当は、他のメンバーと一緒に楽しく歌を歌ったり年下のメンバーのお世話をしたりしたい気持ちでいっぱいなのに、それとは全く逆の相手が嫌な気持ちになる関わりをとってしまうのです。たくまさん自身もそんな自分に悔しそうに苛立ちを感じていました。

そんなある日、たくまさんが、スタッフが落としたペンを拾ってくれたので、「ありがとう！」と伝えると、その直後から年下のメンバーに優しい声かけをしたり工作をしているメンバーの手伝いをしたりするなど、積極的に相手が喜ぶ関わりをし始めたのです。すると他のメンバーからどんどん感謝の言葉がたくまさんへかけられ、比例するように相手が喜ぶ関わりが増えていったのです。

それはまるで周りからの肯定的な声かけを道しるべに自分自身の言動を適切な方向へ進めているようでした。振り返ってみると、確かに不適切な言動を繰り返す日は、周りからの注意や叱責がきっかけになっていました。

常識に当てはめ一方的にたくまさんを否定するのではなく、イライラしている時こそ周りが道しるべとなり、たくまさんを良い方向へ導くことが必要だと実感しました。有効な支援のポイントは子どもによって様々です。常識で考えると見えないポイントばかりです。**はこでみ**では、子どもたちが前向きに活動できるように常に有効な支援を意識して関わっています。

今でも自らの判断ではモヤモヤして気持ちを切り替えることが苦手なたくまさんですが、**はこでみ**では、とても誇らしげにヒットソングの歌詞について丁寧に説明してくれます。今日も覚えたての最新ヒットソングを口ずさみながら元気に**はこでみ**にやってきます！

第5章

子どもの毎日を楽しくするポイント

1 支援がうまくいかない時に使えるポイント変換対応術！

保護者や支援者からの相談を受ける際、困った現状を変えるポイントとして「人」「物」「場所」「時間」の４つの項目をポイントにアドバイスをしています。

①母親の言うことを聞かない

母親が愛情を持って一生懸命子どもに関わっても、子ども自身が「お母さんにだけは言われたくない」と感じている状況の場合は、１００％母親が正しいとしても、子どもは拒否したり反抗したりします。

このような状況のまま、母親だけが関わり続けると、親子関係がさらに悪化したり母の疲弊が溜まったりして、日常生活に支障をきたす結果となります。

↓

そんな時は、「人」を代えます。

↓

母親ではなく、「父親」「祖父母」「兄弟・姉妹」「学校の担任」「部活動の顧問」「塾の先生」「学校の先輩」など、子どもが信頼している人や一目置いている人から指示を出してもらうようにすると、スムーズに受け入れることが多くなります。

②毎日、宿題に3時間かかる

ほとんどの学校で、毎日宿題が出ます。学習の習慣をつけたり、他者から出された課題をこなしたりすることは、今後の学校生活や社会生活に大いに役に立ちます。しかし、子どものためになるはずの宿題で、毎日切実に困っている保護者がたくさんいます。

例えば、

- 「やって当たり前の宿題に取り組まないわが子が許せず、毎日強く怒ってしまい、親子喧嘩が絶えません」
- 「子供が毎日泣きながら3時間かけて宿題をしています。寝る時間もどんどん遅くなっています」
- 「宿題の話になると家庭内の雰囲気が険悪になり、日増しに親子関係が悪化していきます」

・母親が「もうそこまでにして寝なさい」と言っても、「いや、宿題は今日中に終わらせないといけないからする」と怒りながら深夜までしている。

などが挙げられます。

宿題は学校の決まりなので、取り組むことが常識（当たり前）であり、取り組むことで学習の予習復習ができて、学力のレベルアップにつながります。しかし、このような状況がずっと続いたとしたら、どうでしょうか？　子どもの学年が上がれば、内容は難しくなり量も増えます。このままだと、すぐに親子共々限界がやってきます。

↓

そんな時は、「物」を代えます。

↓

毎日宿題に3時間かかる理由は何か？　なかなか取り組めない理由は何か？　を整理してみましょう。

例えば、

・宿題の内容が子どもにとって難しい。
・書字が苦手で書くことに時間がかかる。

・綺麗な字でないと納得できず何度も書き直している。
・算数の問題文や式を書き写すことの必要性が理解できず書きたくない。
・問題や書く量が多く取り組む気にならない。

などが考えられます。

↓

そこで「物」を代えるポイントを使うと、

・子どものレベルに合わせた内容にしてもらう。
・書字の量を減らしてもらう。
・綺麗な字を10回書くとなると時間がかかるので、綺麗な字を1回書く内容に変える。
・答えだけを書いてくる内容にする。または問題数を減らす対応をしてもらう。
・宿題の量を減らしてもらう。

などの対応をすることが効果的です。重要なのは、学年のレベルに合わせるのではなく、子ども自身に合わせた内容にすることです。これは決して、甘やかしたり特別扱いをしたりするということではありません。宿題をした結果、子ども自身が達成感を得て、小さな自信を積み重ねるようにするためです。

③宿題に集中できない
↓
そんな時は「場所」「環境」を代えます。
↓
この対応は、よく知られた対応ですね。環境を整えることはとても大切なことです。まずは、なぜ宿題に集中できないのかを、場所や環境面で整理してみましょう。

例えば、

・テレビがついている。
・すぐ近くで兄弟が遊んでいる。
・好きな本やゲーム、おもちゃが目の前に置いてある。
・お母さんに怒られるからしたくない（母親も毎日怒りたくない）。

などが考えられます。
↓
そこで「場所」「環境」を代えるポイントを使うと、

・テレビを消す。テレビのない部屋で宿題をする。

・兄弟のいない部屋で宿題をする。兄弟も一緒に勉強の時間にする。
・好きな本やゲーム、おもちゃは片付ける。違う部屋で宿題をする。
・家以外で宿題をする。「学校」「学童」「放課後デイサービス」「塾」などでする。

などの対応が有効です。

④学校に行きたがらない

学校への行き渋りの要因の一つに、学校の時間が長いから嫌と言う子がいます。

←

例えば、

・勉強も分かる。担任も好き。友達もたくさんいる。しかし長時間学校にいると疲れてしまう。
・教室のザワザワが耐えられない。
・6時間目まで集中が続かない。

などが考えられます。

←

そんな時は、「時間」を代えます。

・2限目まで受けて帰る。
←
・給食まで食べて帰る。
・帰る時間を子ども自身が決めるようにする（いつでも帰ることができる安心感を持たせる）。

などの対応が有効です。

＊子ども自身がストレスなく安心して、毎日継続して通学できるようにすることが最優先です。できるようになったら、すぐに常識（当たり前）に合わせて時間を伸ばしたりするのではなく、子ども自身に合わせた時間設定を保証し、その中でできることを増やしていく視点を大人側が持つことが重要です。

●今回お話しした「人」「物」「場所」「時間」をポイントに対応策を考えていくと、子ども自身に合わせた効果的な関わりが整理しやすくなります。

また、逆に、子ども自身ができない状況の要因探しのポイントにもなりますので参考にしてください。

2 「1やらせて9手伝う」から始める心構えと効果

保護者からの相談の中で、

・「いつになったら、上手に片付けることができるようになるのでしょうか?」
・「手伝いなしで、学校の準備を一人でできるようになるのでしょうか?」

などの質問がよく挙がります。

保護者からすると、「毎日していることなのに」「何回も教えているのに」「もう高学年なのに」「弟や妹は一人でできるのに」などの思いから、なぜいつまでたっても一人でできないのか理解ができない、という状況になりがちです。その中でも、特にトラブルが多く発生するのが朝の時間です。

ただでさえ一人では取り組めない上に、朝の場面になると時間の制限が発生します。したがって、子ども一人に取り組ませると時間に間に合わない結果になり、親子共々余裕のない状態になります。朝から険悪な雰囲気のまま関わることになり、何とも後味の悪い朝になってしまうことが多いのです。

保護者にとっては毎日手がかかる分、子どもに対して、1日でも早く自分で何でもできるようになってほしいと、強く望んでしまいます。しかし、ここに大きな落とし穴があります。

子どもの自立を願えば願うほど、子どものいつまでたっても一人でできない状況が許せなくなり、子どもに対する手伝いに嫌気がさし、注意や叱責が増える結果に繋がってしまうのです。すると、保護者の自立への願望とは逆に、子どもの状況は失敗体験の繰り返しになり、自信が低下し意欲も下がり、今までできていたこともできなくなる負の連鎖に入り込んでしまいます。

そこで、そんな負の連鎖から抜け出すポイントとして、スモールステップでの関わりが重要になります。スモールステップとは、目的までのプロセスをいくつかの段階に分け、ワンステップではなく小さなステップを一つずつ達成しながら、無理なく前向きに目的に向かって進めていくことです。ワンステップに比べると時間はかかりますが、失敗体験を減らし、小さな成功体験を積み重ねながら、前向きに取り組むためには効果的な方法です。

まず必要なことは、現在子ども自身が自分でできることと、一人ではできないことを具体的に分類する必要があります。この分類を整理しないと、子どもがどこで躓いているか、どこを手伝ってあげたら良いか、どこを本人に任せたら良いか、具体的に把握することができないのです。

例えば朝の場面で分類してみると、

〇一人でできる……着替え・朝ごはんを食べる・歯磨き・登校

×一人でできない……起床・服の準備・身だしなみ（洗面、寝癖、肌着の飛び出しチェック…）・時間配分・することの段取り・持っていくものチェック

先のタイプでいうと、着替えと朝ごはんを食べること、歯磨き、登校は一人でさせます。しかし、それ以外の、一人では難しくて進まないことは、最初から手伝うと決めてしまうのです。

- **起床**……目覚ましをセットする。声かけをして起こす。直に接触して起こす。
- **服の準備**……季節感やコーディネートの面を考慮して服を選ぶことは難しいので、前日に親が準備する。
- **身だしなみ**……自分では意識したり気づいたりできないので、親がチェックする。
- **時間配分**……遅刻しないための時間配分を声かけし、時間を意識させる。

・**することの段取り**……次何をすれば良いかを声かけする。字で書いて見えるところに貼る。

・**持っていくものチェック**……日々変わる持っていくものを把握できないので、前日と当日にチェックする。

以上のように、子どもができない苦手なことは何かを具体的に把握し、それに対してどう手伝うかも具体的に決めることがポイントです。

＊手伝うことを具体的に決めることには2つのメリットがあります。

・1つ目は、大人側が手伝ってしまうと、子どもの自立を阻害することになるかもしれないという葛藤から解放され、割り切って手伝うことができるということです。

・2つ目は、割り切って手伝うことで、常識（当たり前）に当てはめてできていない部分を注意する視点から、できていることを肯定的に注目する視点へ変えることができることです。

スモールステップなので、同級生や兄弟姉妹に比べると時間がかかり、根気のいる対応になりますが、大人側が子どものできていることを認め、苦手な部分を肯定的に手伝うことによって、子ども自身が成功体験を積み重ねることができ、次のステップへの意欲を持てるようになるのです。

10全部を、一人でできるようになってくれることが理想ですが、できていない9を責めるより、1できている部分を認めながら、残りの9は手伝う姿勢を持つ方が、ゆっくりですが､子どもの意欲は確実に伸びていきます。常識（当たり前）に当てはめず､勇気を持って手伝っていきましょう！

3 不登校は悪いことではありません！

文部科学省によると、2018年度の不登校児童生徒の数が16万人(全児童数の1・7%)を超え、6年連続で増加し、前年度からは約2万人増え、過去最高を更新しています。不登校の要因は多種多様に存在しますが、子ども本人やその家族の中で、「学校に行かなくてもよい」という選択肢が増えたことも、数が激増している一つの要因と考えられています。

このように数は増えているとはいえ、不登校自体が認められたという訳ではなく、まだまだ不登校に対する目は厳しいままです。

わが子が不登校になった保護者は、

・「学校に行かないなんて考えられない」
・「不登校になったら周りに付いていけなくなる」
・「不登校はただのワガママだ」

・「子どもが嫌がっても、強引に連れていくしかないですね」

などと、学校に行かない子どもに対して、否定的な対応を取ってしまうのです。

保護者にとって、

・子どものワガママ………↓まぁ許せる

・勉強が苦手…………↓まだ許せる

・周りに迷惑をかける…↓ダメなことだが対応しながら改善させていく

などは、ある程度理解を示しながら、わが子の問題点に対応することができるのです。

しかし、

・「不登校」…………↓これだけは許せない。1日だとしても許せない。
　わが子が学校に行っていない状態が耐えられない。
　不登校になってしまうとわが子の人生が終わってしまう。

と、問題が「不登校」になった途端、全く受け入れられない状態になってしまうのです。

そんなに「不登校」は悪いことなのでしょうか？　不登校になると、子どもの人生は台無しになってしまうのでしょうか？　もちろんそんなことは絶対にありません。しかし、不登校という状態の真っただ中で苦しんでいる子どもや、その家族がたくさんいらっしゃいます。そんな方々のために、私が今まで関わってきた、不登校を経験してきた本人やそのご家族の思いや対応策を、ご紹介したいと思います。

次の図をご覧ください。右は不登校によって生じた問題や不安をまとめています。左は、その問題や不安に対する対応策や心境の変化をまとめています。

問題点

- □勉強面はどうするの？
- □受験はどうなるの？
- □朝起きられず、昼夜逆転してしまう
- □ゲームばかりしている。ルールの問題
- □親子喧嘩が絶えない
- □兄弟への影響が心配
- □家にいると気持ちは楽だが、常に罪悪感がある
- □辛い気持ちを誰も分かってくれない
- □教室には2度と行けないと思っている
- □学校では毎日「ふつう」を求められるが、その「ふつう」ができない
- □自分でも不登校の理由が分からないので説明ができない
- □子ども本人が困っていない。「ずっと家にいる」と言っている
- □親に対しての暴言暴力が増えている
- □以前出来ていた事が何もできなくなった（学習・片付け・挨拶・洗面・入浴・身だしなみ。早寝早起き・外遊び…）
- □とにかくずっと寝ている
- □いつまで続くのか先が見えず不安
- □家族間の関係性や理解の相違

対応策

- □母から「行ける時に行こう」と言われて楽になった
- □タブレットを使って勉強をしている
- □個別塾に通っている
- □イライラしないゲームを勧めている
- □フリースクールを考えている
- □親から余計なことは言わないようにしている
- □不登校から３年経って、ようやく理由を話してくれた
- □学校に行けない日は休んで良いことにしたら、朝起きるようになった
- □学校を休むようになって、パニックや癇癪が減った
- □無理やり登校させても効果がないことがよく分かった
- □小中学校は無理だったが、高校からは登校できた
- □不登校をキッカケに自分自身に合う環境が分かった
- □学校や教室とは違う雰囲気の場所は平気だった
- □自分自身を肯定してもらうと楽になれた
- □親や教師以外の人と話す機会があると良い
- □学校を休んだ日は、昼食の準備を本人にさせている
- □時間ができたので、子どもの好きなことにとことん付き合った
- □不登校をキッカケに医療機関を受診した
- □子ども自身が「自分の時間が必要」と話してくれたので
  親の対応が変わった
- □不登校に対する考えを変えたら親子共々楽になった
  （喧嘩をし続けることに疲れたことがキッカケになった）

次に「不登校」に対する考えを変えるためのポイントをお伝えします。

①「不登校」自体を責めても効果はありません

不登校対応でよくあるのが、「いいから学校に行きなさい！」「1回登校できればもう大丈夫だから！」という言葉です。しかし、これでは1回は行けたとしても次が続きません。むしろ、2度と行かない気持ちを植え付けてしまう結果になります。なぜならば、学校に行かない行動自体が不登校の理由ではないからです。他に様々な理由があるから、登校できないのです。頭ごなしの「学校へ行きなさい！」は逆効果です。

②「不登校」の要因

不登校の要因が具体的に分かれば、それに対する対応策を考えることができます。しかし、そんなに簡単にいかないのが不登校対応の難しさです。さまざまな要因が複雑に絡み合い、子ども本人さえも、なぜ不登校なのか分からない場合も多いものです。要因が具体的で、短期間で不登校から抜け出すケースもありますが、ほとんどのケースが長期化します。しかし、何もしない訳にはいきません。そこで本書では、小さなキッカケや手がかりを見つけやすくするために、「不登校要因チェック表」を載せています。チェックすることですべてがうまくいくほど単純ではありませんが、大人が焦らず時間をかけて、子どもに寄り添うための、1つの指標にしていただければと思います。チェックを行い、保護者側の頭の整理を行ってください。小さな光からゆっくりと動き出します。

③時間の使い方

不登校から抜け出すまでにかかった時間は、人それぞれです。2～3日の子どももいれば、10年以上の子どももいます。もちろん早いことに越したことはありませんが、早ければ良いという訳でもありません。抜け出すまでの時間を使って、大人側が子どもの気持ちを理解し、子どもの視点に立った対応ができるようになったかが、大きなポイントとなります。「学校に行かない子は悪い」という既成概念を取り払い、子どもが安心して過ごせる環境を見つけてあげることが大切です。不登校は子どもからのSOSです。

最後に私が考える「不登校対応5カ条」をお伝えします。

①不登校の要因は、1つではなく多種多様に存在します

・明確なものから、本人でも分からないものまで様々です。

②不登校はすぐに解決する問題ではありません

・学校に行けばOKではありません。

③不登校と前向きに付き合っていくための支援が必要です

・家族だけで悩まず、相談相手を増やし、対応の幅を広げましょう。

④不登校は悪いことではなく、それによって子どもの人生が決まるわけではありません

・不登校を経験しても、現在立派に社会生活を送っている方はたくさんいます。

⑤わが子だけの問題ではありません。全国的に増えています

・わが子だけの特別な問題ではありません。同じように悩んでいる家族がいます。

不登校要因チェック表

イジメ	
同級生からのイジメ	
環境の変化	
クラス替え	
席替え	
友達関係の変化	
担任	
担任が怖い・厳しい・怒る	
話を聞いてくれない	
味方になってくれない	
皆の前で恥をかかされる	
指導に一貫性がない	
授業が面白くない	
勉強	
読み・書き・計算が苦手	
学年相応の学習レベルに付いていけない	
宿題が苦痛	
授業	
長時間の集中ができない	
一斉指示では理解できない	
体育が苦手	
手先が不器用で音楽・図工が苦手	
発表が苦手	
同級生	
友達ができない・一人ぼっち	
ルールを守らない同級生が許せない	
班活動が苦手	
同級生が怖い	

緊張・不安・恐怖・見通しのなさ	
周りの目が気になる	
急な変更が不安	
人によって言うことが違うと混乱する	
常に試されているようで不安	
常に良い子でいなければならない緊張	
失敗が怖い。馬鹿にされるかもしれない	
全体責任の緊張・不安	
行事時の環境の変化に対応できない（運動会…）	
授業ごとの準備の段取りが分からない	
人が怒っている雰囲気が耐えられない	
感覚	
大人数のガヤガヤが耐えられない	
掃除が嫌（雑巾など汚いものが嫌）	
給食が食べられない	
体操服や水着が嫌	
学校特有の臭いが耐えられない	
刺激が多過ぎて疲れる	
学校のシステム・したくない事	
学校よりも遊んでいたい	
先生や同級生から決められたくない	
親以外に信頼できる人がいない	
学校に居場所がなく、家の方が安心	
したいことを優先して昼夜逆転している	
成功体験が少なく何事にも自信がない	
家庭環境	
家族からも不登校を責められている	
家での居心地が良く、外に出る意欲が湧かない	

4

宿題問題から親子を救い出す！

小学生から始まる「宿題」。昔から学生の日課であり、我々も当たり前のこととして毎日取り組んでいました。しかし、発達障がいを持つ子どもの中には、毎日の宿題に当たり前に取り組めない子がいます。

宿題に取り組めない子どもの特徴としては、

・「家に帰ったらまず遊びたい」
・「とにかく書くことが嫌だ」
・「上手に読めないから嫌だ」
・「繰り返し書いたりする意味が分からない」
・「問題数が多すぎる」
・「やり直しが嫌い」

などが挙げられます。
しかし、これを常識的な視点で判断されると、
・「帰ったらまず宿題を終わらせなさい！」
・「ワガママを言わないで書きなさい！」
・「読まないと上手にならないでしょ！」
・「たくさん繰り返すから覚えるの！」
・「皆同じ量だから仕方ないでしょ！」
・「間違ったらやり直すのが普通よ！」
となってしまい、すべては取り組まない子どもに責任があるという解釈になります。
すると、子どもたちはさらに追い詰められ、
・宿題を後回しにした結果、寝る時間になってしまう。
・宿題に2〜3時間かかる。
・親子喧嘩が絶えない。
・鉛筆を折ったりノートを破ったりする。
・暴言暴力が増える。

・「どうせ俺なんて何もできない」と自己否定する。
・「宿題した」「今日宿題はない」と嘘をつく。

など、保護者や学校の教師が期待する結果とは正反対の結果になってしまい、ますます親子関係は悪化してしまいます。とても悲しい結果です。宿題に関わる人に、誰一人悪い人はいません。子どもも、保護者も、教師も、目の前のことに一生懸命取り組んでいるだけなのです。

ではなぜ、誰もが望んでいない結果になってしまうのか。子どもの努力不足？ 保護者のしつけ？ そもそも教師が宿題を出したから？ いえ違います。すべては、「日常にあふれる目に見えない常識という名のプレッシャー」が原因なのです。常識という名のプレッシャーは、人それぞれが持つ思いとは別に、無意識に現れ、いつの間にか例外を許さない、狭い考えに人々を縛りつけていきます。この根強い縛りが、宿題問題を困難なものにしているのです。

◉子どもの人生を変える視点！
「常識に当てはめず、子どもの立場に立った視点で宿題を考える」

宿題に関わる人がお互いに犯人探しをするのではなく、どうすれば前向きに宿題に取り組めるのかを考えていくことが必要です。

例えば、

□「なぞりだったらできる！」
□「半分の量だったらできる！」
□「家以外なら集中できる！」
□「お母さんが隣にいればできる！」

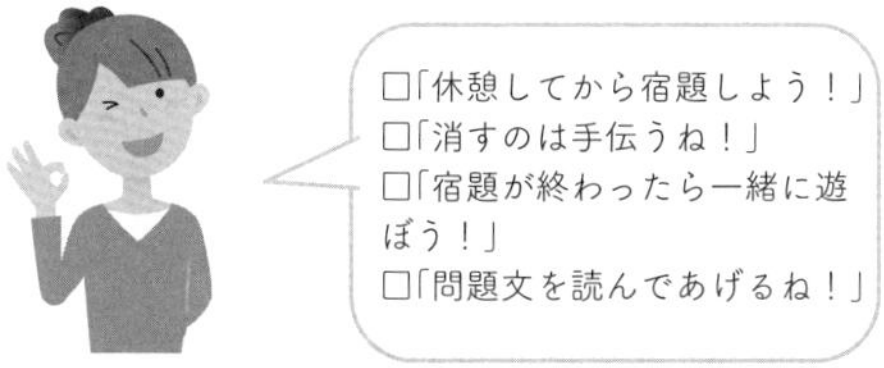

□「休憩してから宿題しよう！」
□「消すのは手伝うね！」
□「宿題が終わったら一緒に遊ぼう！」
□「問題文を読んであげるね！」

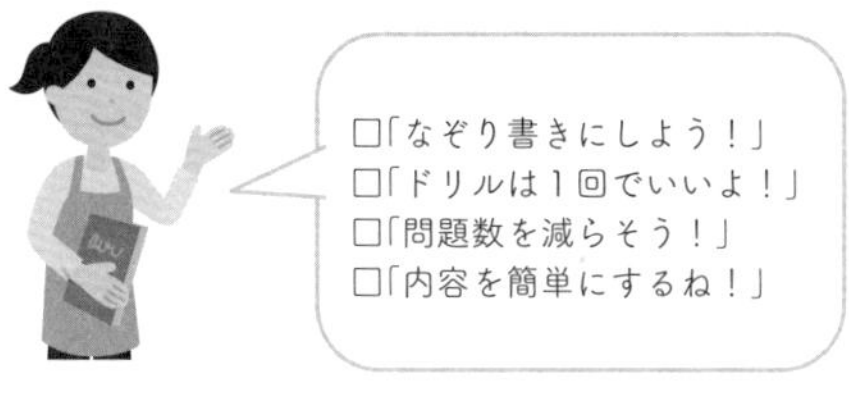

□「なぞり書きにしよう！」
□「ドリルは１回でいいよ！」
□「問題数を減らそう！」
□「内容を簡単にするね！」

大人側の視点を変えるだけで、子どもの宿題への姿勢は大きく変化します！

しかし、頭では分かっていても、いきなり自分の常識を変えたり、宿題問題を解決させたりすることは、容易ではありません。

そこで、宿題の問題を具体的に整理しやすくするために、「宿題現状チェック表」を掲載します。

「宿題現状チェック表①」を使って、子どもの宿題について項目ごとにチェックを行い、お子様に当てはまることを、「宿題現状チェック表② 記入用紙」に記入してみてください。宿題に関する問題点や改善点が、具体的に見えてくると思います。宿題問題は誰のせいでもありません。関わる人全員で考えていくものです。このチェック表を使って、子どもも本人や担任の先生と一緒に話し合ってみてください。

宿題現状チェック表①

内容	**苦手なこと** 読み　自由課題 書き　繰り返し 計算　量 文章題　やり直し 日記　学習レベル	本人の考え	宿題が楽しい 勉強が分かるようになった 皆しているからする 嫌だけど仕方ない なぜしないといけないのか分からない 宿題をするメリットがない 宿題が嫌で毎日辛い イライラが止まらない
時間	**行う時間帯** 帰宅後すぐ　夕食後 習い事後　就寝直後 ゲーム後　起床後 **所要時間** 10分～30分　90分～120分 30分～60分　120分以上 60分～90分　分割している	親子の関係性	ほめることが増えた 子供の努力が見える 子供と関わる機会になっている 宿題に関するケンカが絶えない 宿題をしないわが子が許せない 泣いてばかりいるわが子が可哀そう 宿題がなければ関係良好 親子で宿題はしないと決めた
環境	静かな部屋 テレビがついている部屋 オモチャなどが目に入る部屋 兄弟が遊んでいる 兄弟も宿題をしている 家族がイライラで険悪な雰囲気 疲れている状態・眠い状態 時間が足りない状態	担任	宿題をするのは当たり前 特別扱いはできない 宿題の量が多い 子供同士でチェック（全体責任制） 宿題の量を調整してくれる 提出期限を延ばしてくれる クラスメイトに上手に説明してくれる 宿題以外で評価してくれる
他休み宿題の効果	学習意欲につながっている 達成感を感じている テストの点数が上がっている 学習習慣が身についている 学校のルールを守っている 嫌なことでも取り組むようになった	対応策	量を減らす 内容を簡単にする 繰り返し・やり直しをさせない 手伝う 朝起きてからする 放課後デイや塾でする 学校でする（休み時間・放課後） ご褒美やポイントがもらえる 免除する（他のことを頑張らせる）

宿題現状チェック表② 記入用紙

内容	苦手なこと	本人の考え	
時間	行う時間帯 所要時間	親子の関係性	
環境		担任	
他休み宿題の効果		対応策	

5 どんな行動にも必ず理由があります
～行動を分析しよう！～

行動には必ず「キッカケ」と「結果」が伴います。

このように「お腹がすいた」ことがキッカケとなり、「泣く」という行動をした結果、「ご飯が出てくる」という流れです。この流れを経験することで、子どもは、お腹がすいた時は泣けばご飯が出てくるのだと学習し、次にお腹がすいた時は有効な手段として、「泣く」という行動をするようになるのです。

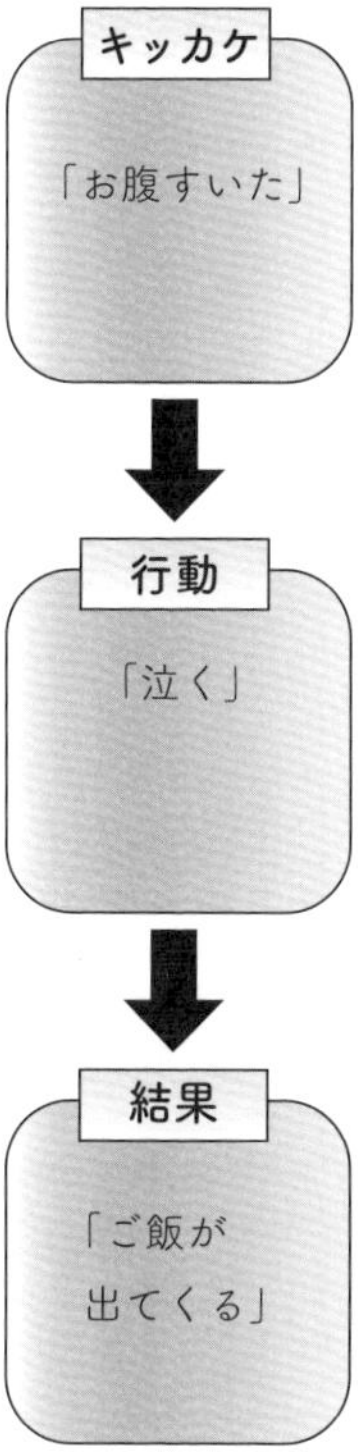

またこの流れは、いわゆる問題行動として捉えられる行動に当てはまります。

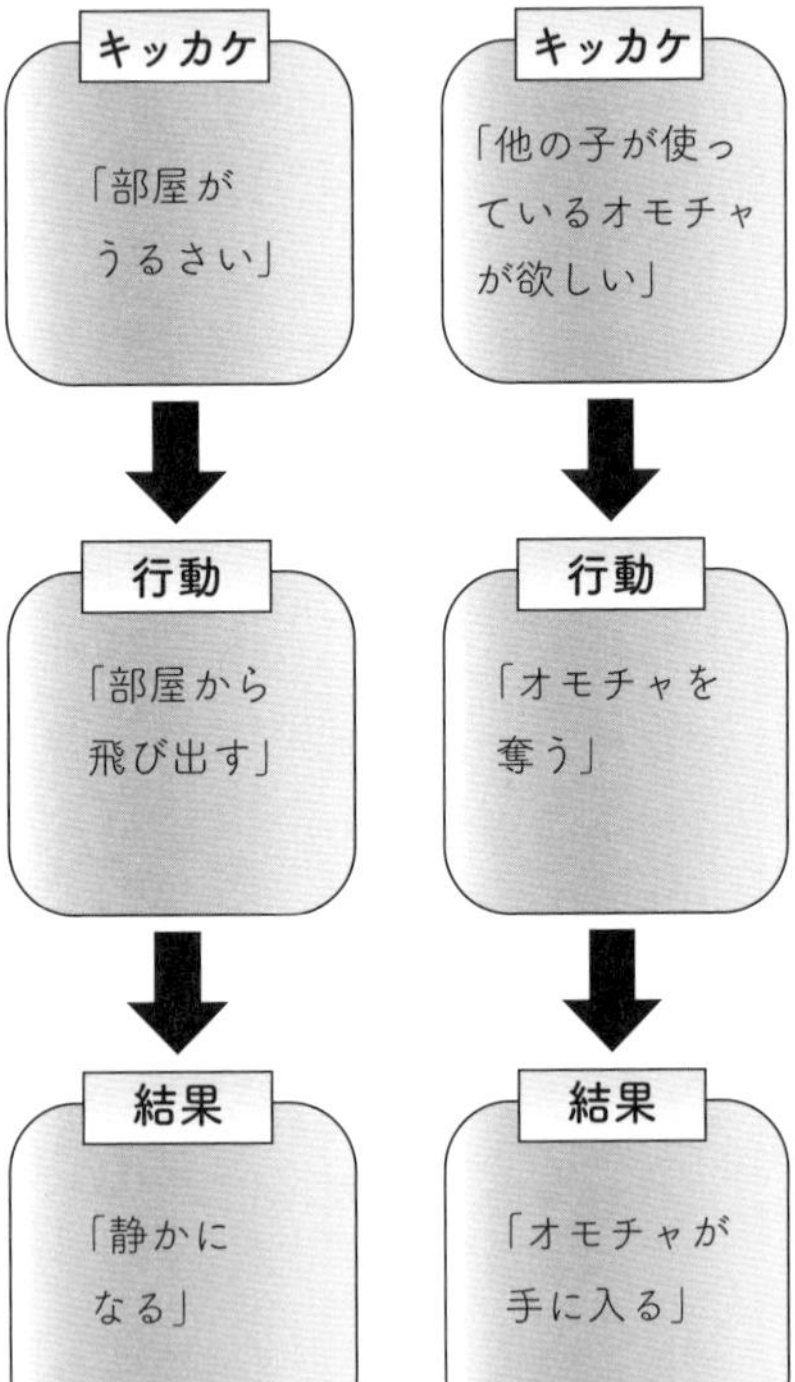
キッカケ
「他の子が使っているオモチャが欲しい」
行動
「オモチャを奪う」
結果
「オモチャが手に入る」
キッカケ
「部屋がうるさい」
行動
「部屋から飛び出す」
結果
「静かになる」

このように「他の子が使っているオモチャが欲しい」ことがキッカケとなり、「オモチャを奪う」という行動をした結果、「オモチャが手に入る」という流れになり、もう1つは、「部屋がうるさい」ことがキッカケとなり、「部屋を飛び出す」という行動をした結果、「静

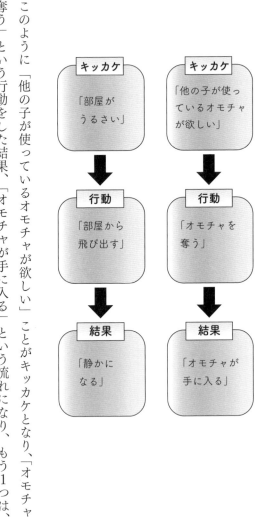

かになる」という流れになります。

3つの行動のどれもがキッカケがない状態から、「泣く」「オモチャを奪う」「部屋を飛び出す」などは発生しません。「お腹がすいた」「オモチャが欲しい」「部屋がうるさい」というキッカケがあったからこそ、行動したのです。

また、その行動に対して「ご飯が出てくる」「オモチャが手に入る」「静かになる」などの望ましい結果が伴うことで、より行動は強化され、次もまた同じ行動を行うようになるのです。

つまり、子どもの行動は、好ましい行動も好ましくない行動も、キッカケや結果を通して学習してきた末に生み出されたものなのです。

◉ここで子どもの人生を変える視点！
行動だけに注目しても効果はありません。キッカケと結果に注目しましょう！

キッカケや結果を見ずに、「泣いても分からないでしょ！」「オモチャを奪ったらダメでしょ！」「部屋を飛び出したらダメでしょ！」と、子どもの行動だけに注目して注意や叱責を行っても、効果はありません。そもそものキッカケである、「お腹がすいた」「オモチャが欲しい」「部屋がうるさい」というキッカケが解消されないままでは、どうしたら良いかも分からず、いつまでたっても問題行動は改善されません。

ここで大事なポイントは、**子どもの行動を、適切な行動に置き換えていく視点です。**

＊子どもにとって望ましい結果になるための適切な行動を教える

＊子どもが問題行動をしなくて済む環境を整える

＊子どもが適切な行動を行ったらほめる

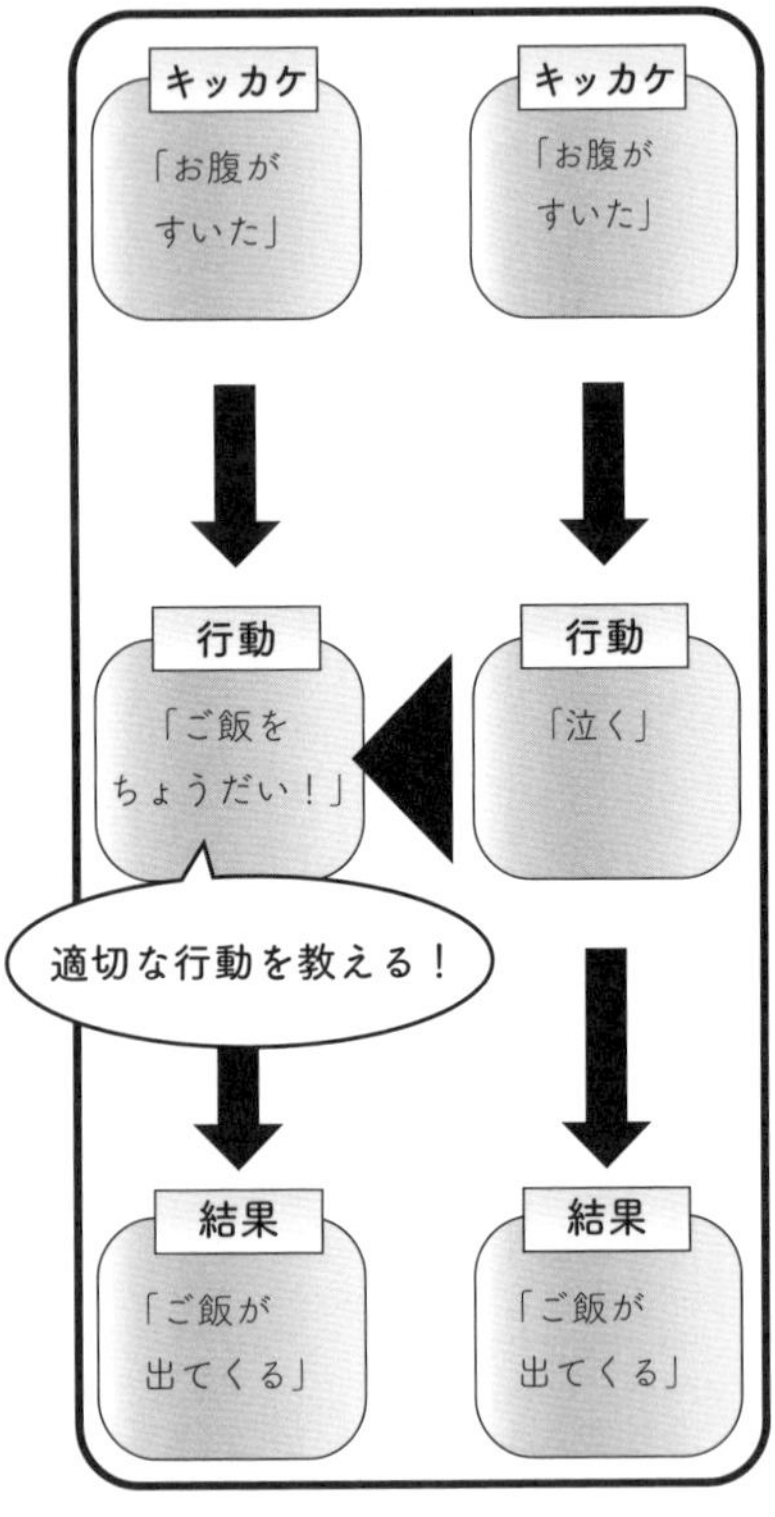
キッカケ
「お腹がすいた」
行動
「泣く」
結果
「ご飯が出てくる」
キッカケ
「お腹がすいた」
行動
「ご飯をちょうだい！」
適切な行動を教える！
結果
「ご飯が出てくる」

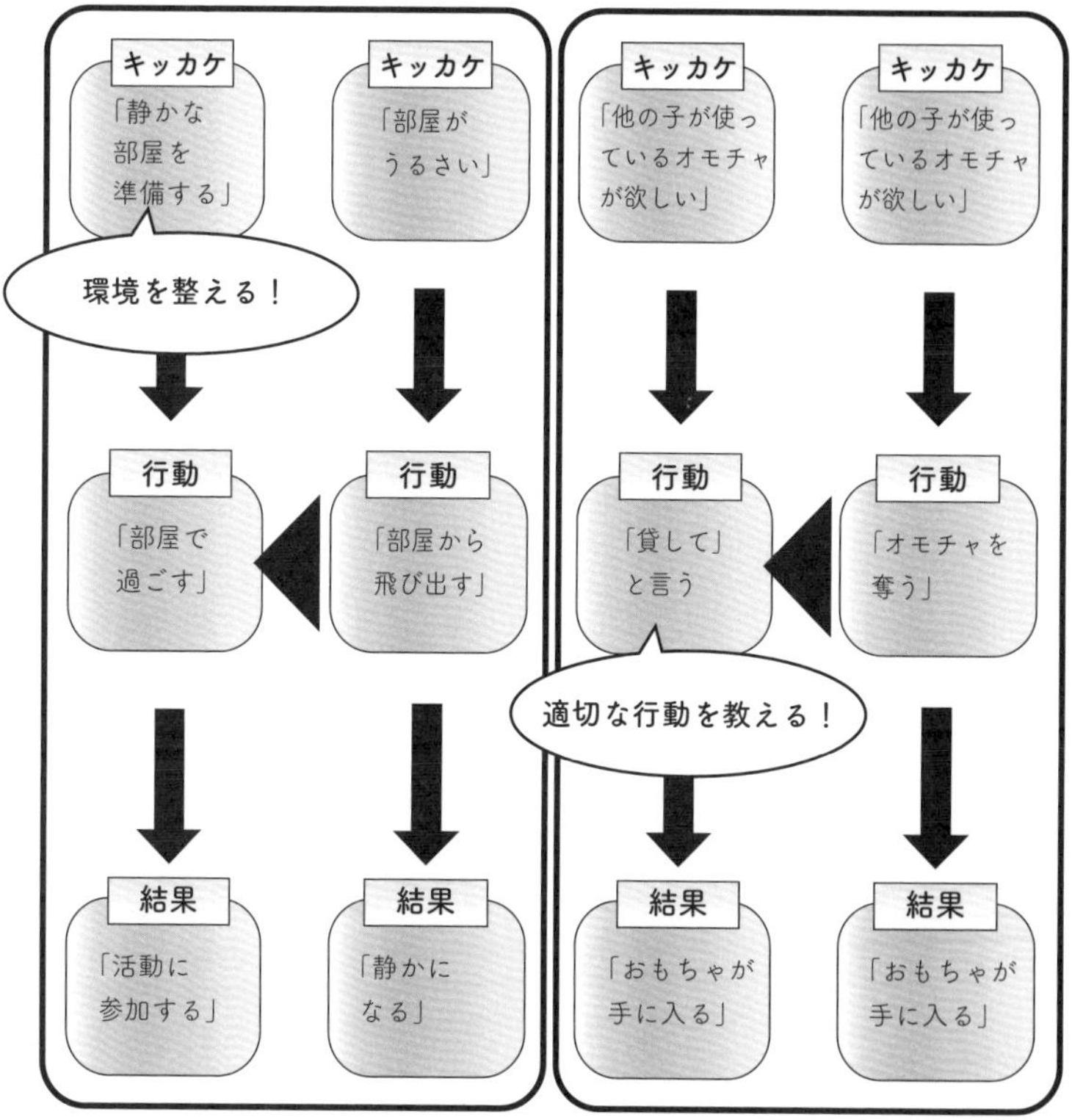
キッカケ
「静かな部屋を準備する」
環境を整える！
行動
「部屋で過ごす」
結果
「活動に参加する」
キッカケ
「部屋がうるさい」
行動
「部屋から飛び出す」
結果
「静かになる」
キッカケ
「他の子が使っているオモチャが欲しい」
行動
「貸して」と言う
適切な行動を教える！
結果
「おもちゃが手に入る」
キッカケ
「他の子が使っているオモチャが欲しい」
行動
「オモチャを奪う」
結果
「おもちゃが手に入る」

このように、キッカケに対する適切な行動を教えたり、子どもに合った環境を整えたりすることで、問題行動を減らしていくのです。そして、「ご飯ちょうだい！」「オモチャ貸して！」「部屋で過ごす」などの適切な行動が出たら、すかさずほめましょう！

行動分析をあまり難しく捉えてしまうと、色々と複雑に考えてしまい、日常の関わりにうまく落としこめない状況になってしまいます。まずは、行動には必ずキッカケと結果が伴い、3点セットであることを意識することから始めましょう！

6 ほめ上手になろう！

「ほめ上手になりましょう！」言葉だけ聞くと、簡単にできそうな気がします。しかし、いざやってみるととても難しい！　ほめることに効果があることは十分理解しているのに、わが子を目の前にすると冷静になれず、ついついできていない所ばかりを怒ってしまいます。もどかしいですね。

でも実は皆さん、すでにほめ上手なのです！

それは、「他人の子」に対してです。他人の子と関わっている時は、自然とその子の良い面に注目し、肯定的に関わることができているのです。例えば、子どもが騒いでいるとします。他人の子に対しては「元気でいいね！」と言えますが、わが子には「うるさい！」と言ってしまいます。もちろん親としての立場上、責任が発生することが原因ではありますが、子どもの行動に対する視点が全く異なっています。他人の子に対しては、「肯定的注目」、わが子には「否定的注目」、180度違います。

◉ここで、子どもの人生を変える視点！
「他人の子への視点を、わが子へ」

＊他人の子に対する肯定的な視点を、わが子にも持てるようにすることが、大きなポイントです。ここからは、わが子に対して、「ほめ上手」になるためのポイントをお伝えします。

①自分自身をほめてもらう！　認めてもらう！

保護者に対して、「子どもをほめてください！」と言うのは簡単です。しかし、保護者自身が認められていなかったり、孤立や疲弊していたりすると、心身共に余力がなく、「ほめる」行動を実行することができません。それだけ、「ほめる」行動を継続するには、大きなパワーが必要なのです。そのパワーを補充するためには、保護者自身、心が満たされていなければいけません。そのためには、**理解してくれる人**（家族・親戚・友達・教師・

専門家…）と、集まる場所（学校・医療機関・勉強会・親の会…）が必要不可欠です。安心できる場所で、信頼できる人に向かって、抱える思いをすべて吐き出し、丸ごと共感してもらうことで、大きな安心感に包まれていきます。その安心を糧に、少しずつ自分自身を認め、肯定できるようになっていくのです。孤立は危険です。自分自身をほめてもらい、認めてもらうことで、わが子をほめるパワーを充電していきましょう！　充電がなくなりそうになったら、安心できる場所で充電しましょう！　その繰り返しが、わが子への肯定的な視点を作り上げてくれます。

②ほめ上手になれない理由と対応

対応策

□子どもの良い行動を見つけましょう！
　→当たり前の行動
　→毎日していること
　→些細なこと

□スモールステップ
第3章 — ⑦を参照

□ギリギリセーフ
第3章 — ⑧を参照

□ペアレントトレーニング
第4章 — ⑧を参照

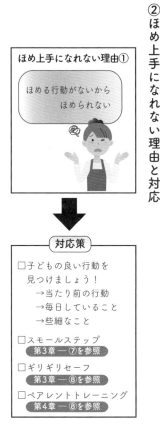

ほめ上手になれない理由②

割合的に困ったこと
の方が多いので
ほめる気になれない
ほめたくない

対応策

□子どもの得意と苦手を
整理しましょう！
→全体で考えると
どうしてもできていない
所ばかり見てしまいます

□ペアレントトレーニング
第4章 — ⑧を参照

□行動分析
第5章 — ⑤を参照

□関わり方のコツ
第4章 — ⑧を参照

□自らの切り替え
第4章 — ④を参照

ほめ上手になれない理由③

ほめめても効果がない
ほめ損

対応策

□具体的・効果的に
ほめましょう！
→ただほめるだけでは
伝わりません（行動をほめる）
→ほめているつもりが
皮肉を言っている

□肯定的注目
第5章 — ⑥を参照

□スペシャルタイム
第3章 — ⑥を参照

□遠回り応援術
第3章 — ⑨を参照

□待つ勇気
第4章 — ②を参照

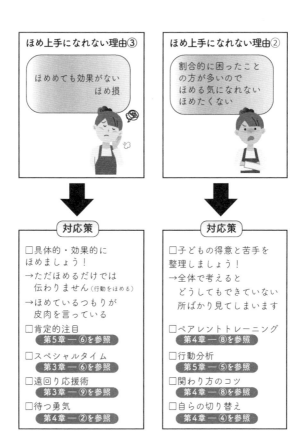

③認める

「ほめる」という行動は、ポイント②でお伝えした通り、さまざまな弊害が起こり、なかなかスムーズに実行することができないものです。相手をほめる時は、それに見合った行動を要求する。つまり、「ほめる」に値しない行動はほめない。できないことが多い子どもに対しては、いくら良い面があったとしてもほめたくない。せっかくほめても効果がないから続かない。など、「ほめる」に対するハードルはとても高いのです。

そこで、「ほめる」ではなく「認める」に置き換える！　そうすることでグッとハードルは下がり、子どもの視点に立った支援がしやすくなるのです。「認める」を継続することで、立派な「ほめ上手」になれます。「認める」に関しては、本書の**肯定的注目、スペシャルタイム、自己肯定感を上げる方法**において、詳しく説明しています。

一緒に「ほめ上手」を目指しましょう！

7 子どものイライラや癇癪には必ず理由があります

子どものイライラや癇癪について悩まれている保護者は多いです。

・「宿題にとりかかるまでに、毎回癇癪を出し時間がかかっている」
・「スーパーでオモチャを買ってもらえず癇癪を出し、その場で泣き叫んでいる」

保護者としては、

・「毎日宿題があることは分かっているのに、なぜいちいち癇癪を起こすのか分からない。本当に余計なことをしている」
・「癇癪を出すから時間がかかるのであって、すぐに終わらせれば遊べるのに」
・「スーパーなどでは周りの目が気になって、癇癪を出されたらオモチャを買ってあげている」

などと、いつも悪い結果に結び付くイライラや癇癪を、余計なものとして捉えています。

したがって、イライラや癇癪に対してどうしても否定的な対応をしてしまいます。

◉ここで子どもの人生を変える視点!
「余計なものとして捉えている『イライラ』や『癇癪』は、子どもにとってはとても大事で必要なものなのです!」

どういう意味かと言うと、

・子どもにとってイライラや癇癪を出している時間は、嫌なことをする場面や思い通りにならない場面に置かれた時の、気持ちの切り替えとして必要な時間なのです。その切り替えの時間の中で、自分の気持ちを整理し、嫌なことを始めたり思い通りにならないことを受け入れたりする準備をしているのです。

・常識(当たり前)の考えでは、嫌な場面や思い通りにならない場面に置かれても、「あ〜あ嫌だな〜」「面倒くさいな」と1〜2分葛藤した後、「しょうがないか」「次買ってもらおう」「終わらせて遊ぼう」などと素早く切り替えます。それと全く同じことを、「イライラ」や「癇癪」を使い時間をかけて行っているのです。

切り替えのためのイライラや癇癪への対応ポイントは、

①子どもの「イライラ」や「癇癪」は、切り替える時間として必要だと理解する。

②切り替えている時間は、余計な声かけをしない（この時間の声かけは火に油を注ぐようなもので逆効果です）。

③今現在の子どもの切り替え時間（イライラや癇癪）が、どのくらいなのか具体的に把握する。

・その時間が切り替えに必要。

・その時間が短くなっているのであれば、成長と捉える。

・具体的な時間が分かると、大人側も事前に対応する準備や心構えができる。

④切り替えるのを、前向きな気持ちで待つ。

⑤子どもが気持ちを切り替え次の行動を始めたら、すかさずほめる。

⑥皮肉を込めた声かけをしない。

・「最初から早くすれば良かったね」「昨日は早かったのに」「ほとんどお母さんがしたけどね」

などです。

大人側が、子どものイライラや癇癪が、切り替えに必要な行動だと理解できれば、否定的に捉えず、前向きに切り替えのタイミングを待つことができます。また、時間的な見通しを持って関わることができ、切り替えた後の子どもの行動を、ほめたり認めたりする気持ちを持てるようになります。わがままで言うことを聞かないのではなく、一生懸命気持ちを切り替えようと頑張っている子どもを、応援していきましょう！

8

「怒る」に効果はあるのか？子どもの反応と結果を見ていきましょう！

一般的に保護者は、わが子に対して怒ることが多いものです。

朝から晩まで一日中子どもの言動に対して、

・「早くしなさい！」
・「何で分からないの？」
・「いい加減にしなさい！」
・「違うでしょ！」
・「やめなさい！」
・「何度言ったら分かるの？」

などの発言を繰り返しています。

なぜそれほど、「怒る」を繰り返すのか？

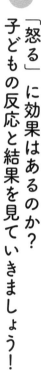

それは、効果があるからです！　一般的に「怒る」には子どもを動かすための即効性があり、保護者にとっては、とても使い勝手の良い関わり方なのです。

効果のイメージとしては、

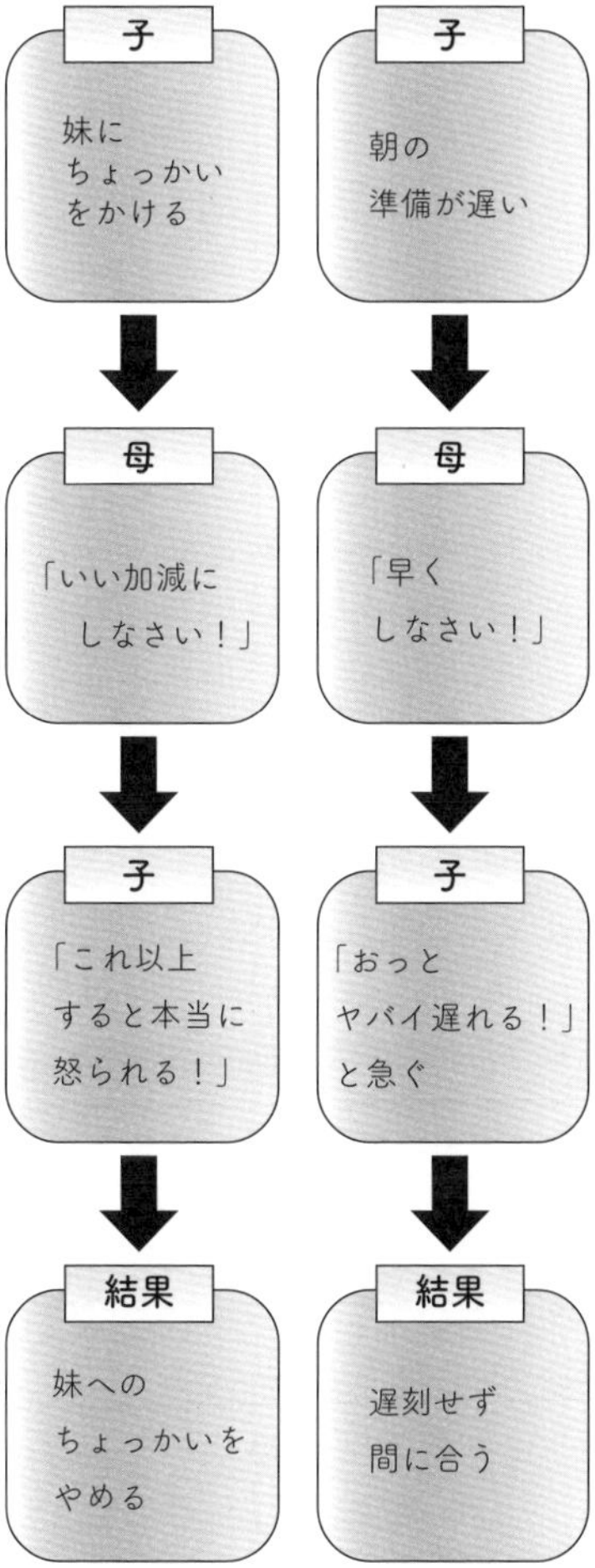
子
朝の準備が遅い
母
「早くしなさい！」
子
「おっとヤバイ遅れる！」と急ぐ
結果
遅刻せず間に合う
子
妹にちょっかいをかける
母
「いい加減にしなさい！」
子
「これ以上すると本当に怒られる！」
結果
妹へのちょっかいをやめる

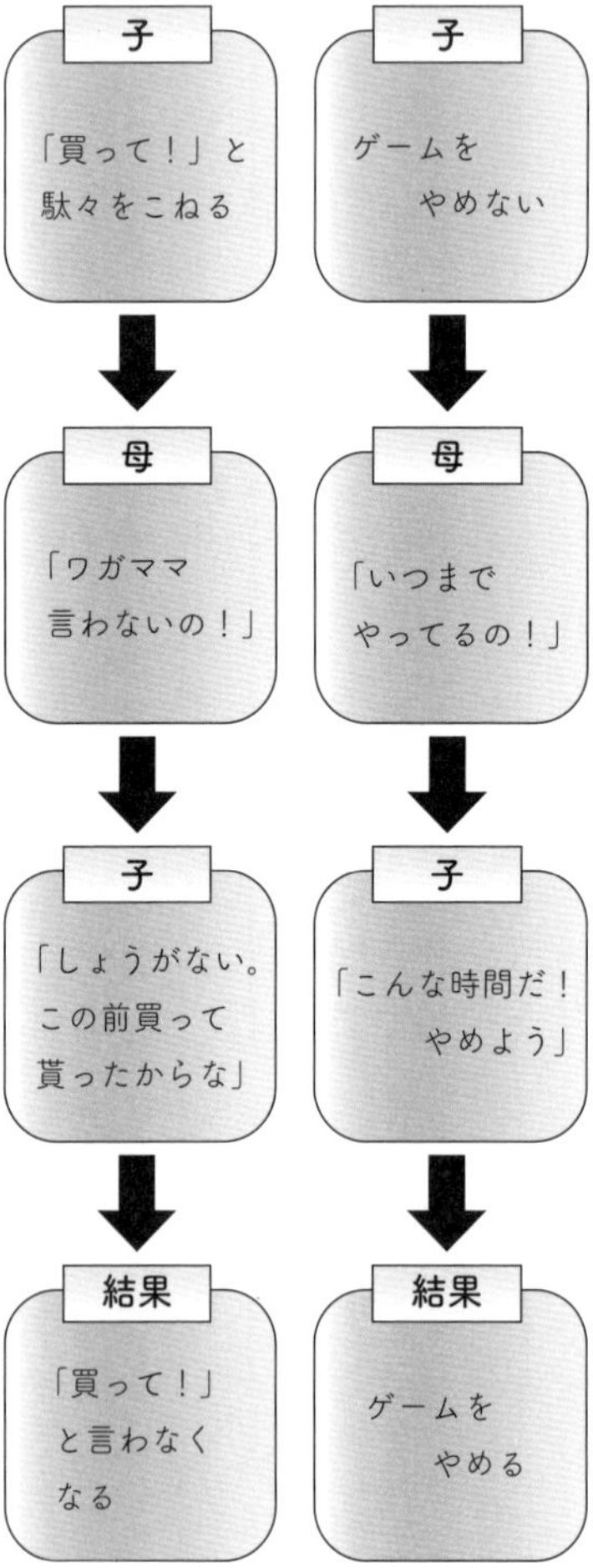
子
「買って！」と
駄々をこねる
母
「ワガママ
言わないの！」
子
「しょうがない。
この前買って
貰ったからな」
結果
「買って！」
と言わなく
なる
子
ゲームを
やめない
母
「いつまで
やってるの！」
子
「こんな時間だ！
やめよう」
結果
ゲームを
やめる

このような流れがイメージされます。「怒る」の関わりが、保護者が求める結果に繋がっていることが分かります。

しかし、図のような流れになるためには、「保護者からの叱責」の言葉だけで、

・反省
・気持ちの切り替え
・今やるべきこと
・優先順位
・段取り
・親の気持ち（自分のために言ってくれている）
・次回への教訓・応用

などを、子ども自身が瞬時に察して、求められた行動を実行することが大前提となるのです。それでは、発達障がいを持つ子どもはどうでしょうか？　先ほどの図と同じ流れで見ていきます。

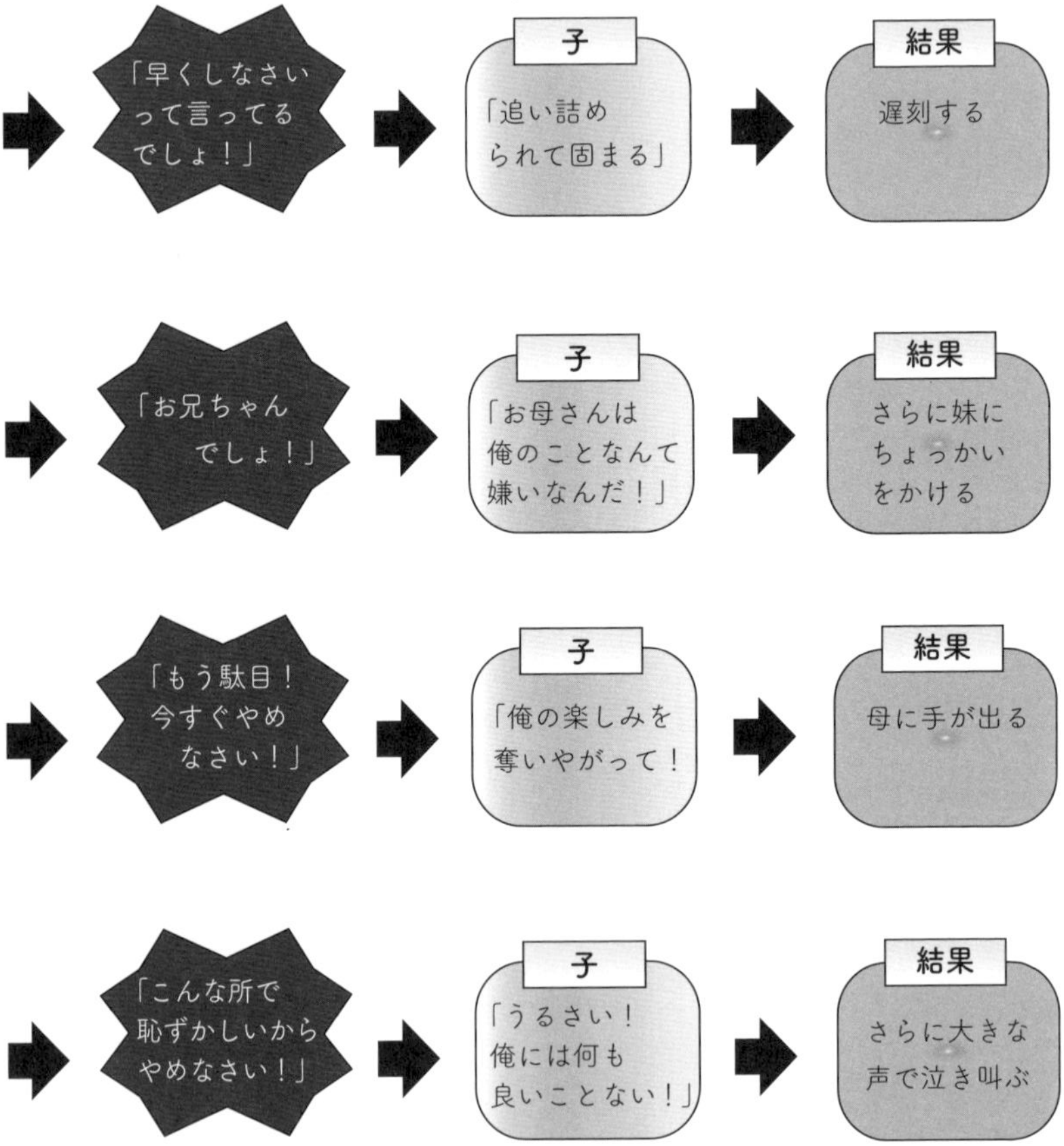
「早くしなさいって言ってるでしょ！」
子
「追い詰められて固まる」
結果
遅刻する
「お兄ちゃんでしょ！」
子
「お母さんは俺のことなんて嫌いなんだ！」
結果
さらに妹にちょっかいをかける
「もう駄目！今すぐやめなさい！」
子
「俺の楽しみを奪いやがって！
結果
母に手が出る
「こんな所で恥ずかしいからやめなさい！」
子
「うるさい！俺には何も良いことない！」
結果
さらに大きな声で泣き叫ぶ

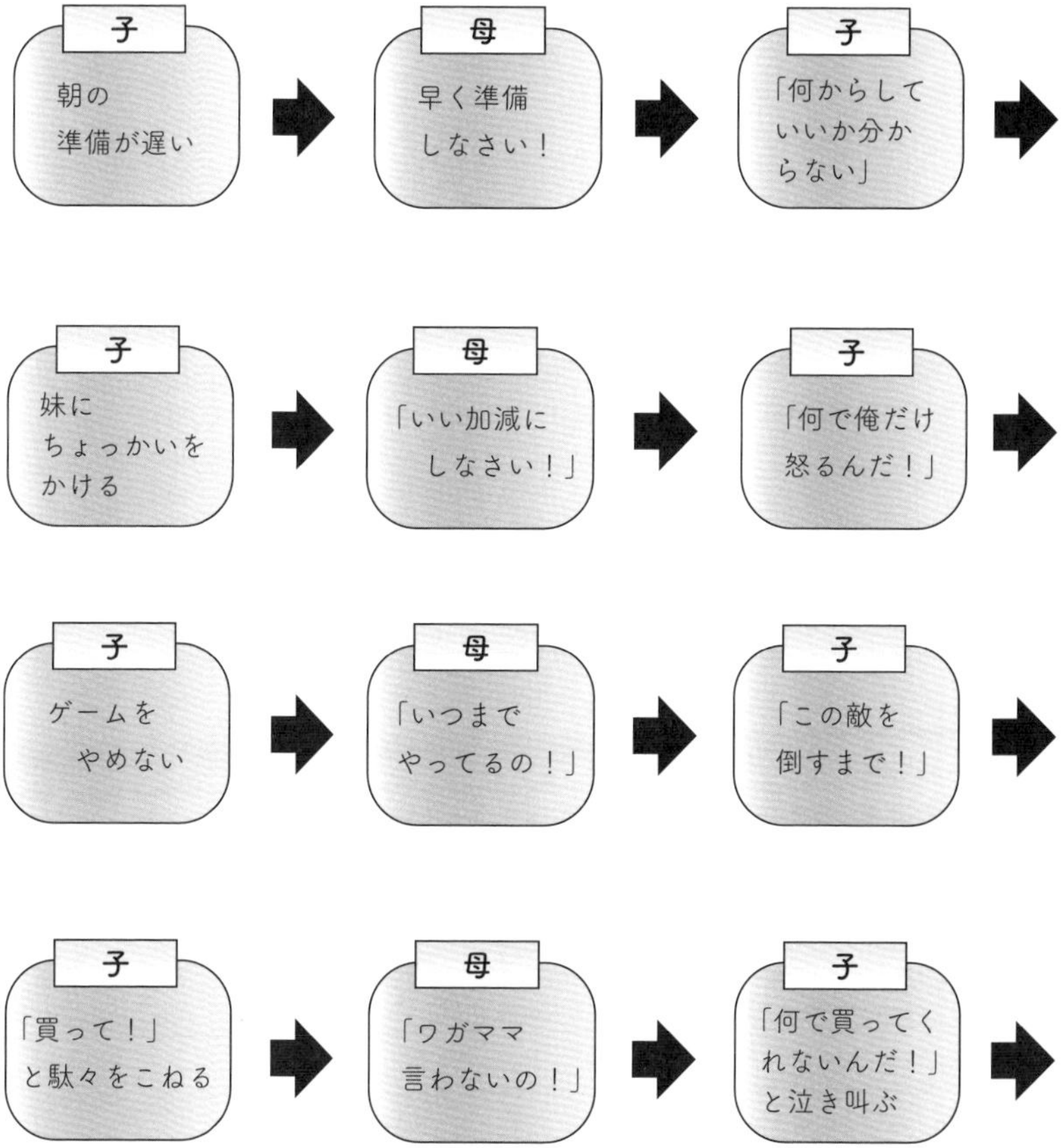
子
朝の準備が遅い
母
早く準備しなさい！
子
「何からしていいか分からない」
子
妹にちょっかいをかける
母
「いい加減にしなさい！」
子
「何で俺だけ怒るんだ！」
子
ゲームをやめない
母
「いつまでやってるの！」
子
「この敵を倒すまで！」
子
「買って！」と駄々をこねる
母
「ワガママ言わないの！」
子
「何で買ってくれないんだ！」と泣き叫ぶ

保護者としては、わが子の行動を改善させるために声かけを行ったはずなのに、望む方向へは進まず、それどころか逆効果になり、さらに悪化する結果になっています。その理由は、「怒る」の関わりには、何一つ具体的な情報や指示が入っていないからです。

最初の図のように「怒る」だけでは、

・反省
・気持ちの切り替え
・今やるべきこと
・優先順位
・段取り
・親の気持ち（自分のために言ってくれている）
・次回への教訓
・次回への応用

などを察して、理解することができません。

どう捉えているかというと、

・反省……自分の思い通りにならない経験ばかりで納得できない。
・気持ちの切り替え……急な切り替えが苦手で素早く指示に従えない。
・今やるべきこと……焦りや困り感の方が激しく、今やるべきことに注目できない。
・優先順位……見通しが持てず、遊びやゲームなど目先の好きなことばかりを優先する。
・段取り……どの順番でどのくらいの時間を使って行動すれば良いか分からない。
・親の気持ち……成功体験が少なく、怒られてばかりなため、常に被害的に捉える。

　また、言葉の裏の意味が分からず、怒られた場合は否定されたとしか感じない。

・次回への教訓……否定や失敗を前向きに捉えることができず、教訓として生かせない。
・次回への応用……人や場所、時間などが異なると、すべてリセットされることが多く、一つの経験を、良い方向に応用できない。したがって同じ失敗を繰り返す。

などと捉えてしまう結果、「怒る」の関わりだけでは効果を発揮しないのです。

このまま「怒る」を続けていくと、いつまでも保護者からの支援とは感じず、ただ表面的な部分だけを真に受け、反発を繰り返し、親子共々、「怒り」に対して「怒り」で返す火に油状態となり、最終的には、「これだけ言ってもできないのは子どもが悪い！」「僕のことを何も分かってくれない親のせいだ！」と、お互いに否定し合う関係になってしまいます。このような状態は何としても避けなければいけません。

「怒る」などの関わりで即効性のある効果を求めるのではなく、わが子に合ったペースで、スモールステップで関わることが必要になります。関わり方の例としては、

「朝の準備が遅い」

↓

- □朝の段取りを具体的に決める
- □朝のスケジュールを紙に書いて部屋に貼る
- □朝するべきことを順番通りに声かけして知らせる
- □苦手な面や間に合っていないことは手伝う
- □失敗体験ではなく成功体験を増やすことが、次への意欲に繋がる
- □スモールステップでできていることをほめる

「妹にちょっかいをかける」

↓

- □ちょっかいをかけた理由を探る
（注目が欲しい・リアクションが面白い・仕返し・うらやましい…）
- □理由に合った適切な関わり方を教える
- □頭ごなしに怒るのではなく本人の話を聞く
- □他の良い行動に注目し不適切な行動を減らしていく
- □スモールステップでできていることをほめる

「ゲームをやめない」

□事前にゲームの時間を具体的に決める
□決めた時間の5分前から声をかける
□決めた時間を過ぎたとしても怒鳴るのではなく淡々と声かけを行う
□決めた時間を過ぎたとしても自らゲームを止めたらほめる
□土日など平日より長時間ゲームができる日を作ってあげる
□そもそもゲームは急には止められないことを理解しておく
□スモールステップでできていることをほめる

「買って！」と駄々をこねる

□事前にお出かけの流れを具体的に伝える
□その日に買ってあげられる物や値段を具体的に伝える
□値段の高い物はどうすれば手に入るかのプロセスを決める
（お手伝い・テストや習いことを頑張る・誕生日・クリスマス…）
□常識的に我慢させる方法は理解しにくい
□駄々をこねる時間が短くなっていることを認める
□切り替えには時間がかかることを理解しておく

などが挙げられます。

「怒る」には、確かに即効性があり、効果を感じやすい部分があります。しかし、発達障がいを持つ子どもは、否定や失敗からは学びにくい特性があります。常識に当てはめず、子どものペースに合わせて、根気よく関わっていきましょう。

ちなみに「怒る」は、本当に許せない行動をした時に効果的に使いましょう。怒りすぎは禁物です。その場を引き締め、その後、適切な行動を教え、できたらほめる関わりが基本です。

許せない行動（例）

・人に対する暴言・暴力
・人の物を盗む
・人の物を壊す
・命の危険な行動をする（道路に飛び出す。ベランダに登る。コンセントで遊ぶ…）

9 「ほめる」以外にもある！子どもの自己肯定感を上げる方法！

第3章・5「肯定的注目」の時にもお話ししたように、「子どもをほめてください」と言われても、「子どもの何をどのようにほめたら良いか分からない」と困ってしまう保護者が数多くいらっしゃいます。そんな日々悩んでいらっしゃる保護者のために、私はペアレント・トレーニングを通して「子どもの良い行動をたくさん見つけてほめていくこと」と「肯定的注目を使って無理なく継続してわが子を認めていくこと」の2つを中心に支援を行っています。

「肯定的注目」は、保護者が無理なく継続できる支援方法であり、「ほめる」と同様に、子どもを伸ばすことに抜群の効果を発揮します。

そこで今回は、「肯定的注目」についてさらに具体的にお話ししたいと思います。

◉ここで、子どもの人生を変える視点！「ほめる」ではなく「認める」

「ほめる」となるとどうしても、子どもに対して求める行動のハードルが上がってしまい、自ずと「ほめる」頻度が減ってしまいます。そこで、「ほめる」から「認める」に置き換えてみましょう！　「子どもの言動を認める」と聞くと、何となく「ほめる」よりも敷居が低く、実行しやすくなった気持ちになりますね！　それでいて「ほめる」と同様の効果があるのなら、使わない手はありません！

それでは、「認める」ポイントの「肯定的注目」を、具体的に見ていきたいと思います。

『うなづく』

□子どもの行動に対して大きくうなずき「認めているよ」と知らせる。

『グーサイン』

□言葉ではなく。サインで認めていることを知らせる。他には、拍手・ガッツポーズ・万歳…

『感謝する』

□保護者から子どもへ感謝の気持ちを伝えるだけで、子どもはうれしい気持ちになります。
＊過度にリアクションを求めないこと

『スキンシップ』

□頭をなでる・肩をポンっとするハグする・握手をする…スキンシップを使って認める。

『興味を示す』

□保護者にとって興味がない話題や繰り返される話題であっても否定せず興味を示す。

『タッチ』

□ハイタッチやグータッチは、カッコ良く決まるので高学年の子どもに効果的です。

『次の行動に導く』

□子どもの困った行動や止めてほしい行動に対して、直接注意するのではなく次の行動に導き、否定せずに切り替えさせます。

『気が付いていることを知らせる。』

□「宿題始めたね」「片づけたね」「妹にやさしくしたね」など、子どもの言動に気が付いていることを伝える。

『笑顔』

ニッコリと子どもに微笑む。
（表情は感情が出やすいので、表現として得意・不得意に分かれます）

『OK サイン』

□言葉ではなく、サインで認めていることを知らせる。

いかがでしょうか？　これはほんの一部です。子どもの行動を否定せず「認める」行動であれば何でもOKです！　今回ご紹介した「肯定的注目」の中の一つでも継続できれば、必ず保護者の「認める」気持ちが子どもに伝わり、意欲が上がっていきます！

＊継続させるコツは、

・自分に向いている認め方を見つけましょう。
・向いていない注目方法を無理して続けないようにしましょう。
・注目に対する相応のリアクションを求めないようにしましょう。
（リアクションが薄かったり無反応や反抗的な態度の場合もあります）
・肯定的注目の目的は保護者の気持ちを伝えることです。
（望むリアクションがなかったとしても否定しないようにしましょう）
・肯定的注目と引き換えに指示に従うことを強制しないようにしましょう。

評価に値するものだけを「ほめる」のではなく、子どもの何気ない行動を頻度高く「認める」癖をつけ、子どもに対して肯定的に関わることを身に付けましょう！　子どもの自己肯定感は、保護者の「認める」数に比例して上がっていきます。すべては大人の考え方や関わり方次第なのです！

はこでみ日記⑤

スタッフ 「コミュニティー」

「はこでみ日記」と題して４人の子どもたちのエピソードをお話ししました。それぞれ性格も特性も異なりますが、全員が**はこでみ**に来ることを楽しみにしてくれています。

はこでみに来る子どもたちは、できる事とできない事の差が極端に開き、相手や状況に合わせた臨機応変な対応が苦手な子どもたちです。日常的に「これができて、何でこれができないの？」と否定されることが多く、自分の良い面に自信が持てず自己肯定感が下がっている子どもがほとんどです。しかし、子どもたち全員が不安を抱えながらも、目の前に立ちはだかるハードルを飛び越えようと本当に一生懸命頑張っています。

我々**はこでみ**スタッフは、そんな子どもたちの頑張りを間近で見ることができ、今まではできて当たり前と思っていたことが、一つ一つの努力の積み重ねで成り立っていることに気づかされました。今では小さなステップアップを子どもたちと一緒に心から喜び合うことができています。さらに子どもたちの成長のお手伝いを通して自分自身の人間的な成長や充実を感じることもできています。

子どもたちが「楽しかった！」「えーもう終わり？」「次はいつ？」「また来るね！」と心から言える環境が、子どもたちの意欲を伸ばし問題点の改善につながると**はこでみ**スタッフ一同は確信しています。

今後、発達子どもアカデミーは、子どもたちにとって、**はこでみ**に行けば「遊んでくれる人がいる」「ほめてくれる人がいる」「教えてくれる人がいる」「叱ってくれる人がいる」「助けてくれる人がいる」「聞いてくれる人がいる」と思えるコミュニティーとしての機能を目指し、年齢や学年、立場に関係なくじっくりと子どもたちの成長を見守る存在になっていきたいと思います。

さあ！今日も子どもたちを笑顔にするために、**はこでみ**に行ってきます！

第6章

発達障がいに対する支援

1 医療機関

発達障がいの診療に携わる医療機関には様々な種類があります。

- ・療育センター
- ・大学病院
- ・精神科のある病院またはクリニック
- ・児童精神科のある病院またはクリニック
- ・小児科のある病院またはクリニック
- ・発達障がい外来がある病院またはクリニック

発達障がいに対する支援において医療機関（病院・クリニック）との関係は、必要不可欠なものです。発達障がいなのか発達障がいじゃないのかの判断は、他の障がいや病気と違ってはっきりした区別ができず、とても難しいことです。人それぞれの見解によって同じ状態でも障がいや個性・特性などと捉え方が大きく変わります。そんな状況の中、唯一、診察を通して診断として判断できるのが医師です。診断が出ることで、子ども本人やその保護者の環境は大きく変わっていきます。また、困りごとが、発達障がい以外の他の疾患から起こっている可能性を見極めるためにも受診は必要です。それでは、医療機関を受診することでの効果と懸念される点についてお伝えします。

効果としては、

- 今まで誰にも言えなかった状況や本音を話すことができる。
- 診断を受けることで今までできなかったのは自分のせいではないと安心できる。
- 問題の原因が明確になり親のしつけや育て方のせいではないと分かる。
- 発達障がいに対する効果的な関わり方が分かる。
- 様々な福祉サービスや制度があることを知り、利用できるようになる。
- 症状に合った薬の処方が受けられる。
- 専門的なトレーニングや療育を受けることができる。

懸念される点としては、

・自分自身またはわが子に障がいがあることが明らかになる。
・全ては発達障がいが原因と考え、開き直ってしまい改善しようとしなくなる。
・診断名だけが独り歩きを始め、周りから差別的な関わりを受ける。
・家族や周囲からの反発を受け理解が得られにくい。
・将来の可能性を狭められたような気持ちになる。

などが挙げられます。

医療機関での診断をどのように捉えるかで今後の流れは大きく変わっていきます。

医療機関との関わり方には様々な形があります。

例えば、

・ドクターにアドバイスをもらう。
・薬を処方してもらう。
・診断書作成や年金申請などをしてもらう。
・専門職スタッフの療育やトレーニングを受ける。

・日頃の不安や不満を話す。
・保護者を対象としたグループやペアレント・トレーニングを受ける。
・親の言うことは聞かないので、ドクターや医療機関スタッフから直接子どもに指導や説明をしてもらう。

など、人それぞれです。

医療機関を使う目的は多種多様にあり、もちろん自由です。子どもや保護者にとって一番都合がよく納得できる形が、継続的な通院に繋がります。

しかし、医療機関との関係性の中で一番注意しないといけない点は、診断名やドクターからのアドバイス、専門的なアドバイスや服薬だけでは、根本的な解決には至らないことです。丸投げ状態で頼ったとしても当事者本人や保護者が変わらなければ良い方向には進んでいきません。医療機関への依存度が高まれば高まる程、自分自身の足元が見えなくなり責任や原因を外へ求めようとしてしまいます。医療機関でのアドバイスやトレーニングは、キッカケに過ぎず、それ自体が問題の解決には繋がりにくい面があります。

大切なのは医療機関との関わりの中でもたらされる、

・ドクターをはじめとする専門家からのアドバイス
・利用できるサービスや制度の知識
・服薬やトレーニングなどの効果的な支援
・同じ境遇の人との出会いと共感
・孤立からの脱却

などを通した、安心できる環境の中で、家庭や学校での関わりを振り返り、子どもの立場に立ったより効果的な関わりを見つけていくことです。医療機関とじょうずに付き合い、より良い関わり方のキッカケやヒントを見つけ、わが子に合った関わりを継続していきましょう！

2 学校における特別支援教育について

令和元年9月・文部科学省による「新しい時代の特別支援教育の在り方に関する有識者会議」において、障がいのある子どもについては、障がいの状態に応じてその可能性を最大限に伸ばし、自立と社会参加に必要な力を培うため、一人一人の教育的ニーズを把握し、適切な指導及び必要な支援を行う必要があります。そのため、障がいの状態等に応じ、特別支援学校や小・中学校の特別支援学級、通級による指導等において、特別の教育課程、少人数の学級編成、特別な配慮の下に作成された教科書、専門的な知識・経験のある教職員、障がいに配慮した施設・設備などを活用した指導や支援が行われています。特別支援教育は、発達障がいのある子どもを含めて、障がいにより特別な支援を必要とする子どもが在籍する全ての学校において実施すると発表されています。

障がいのある子どもの教育環境としては、先ほどの文章に記載されていた**通級指導教室**、

特別支援学級、**特別支援学校**の3つに通常級を加えて4つあります。平成24年に文部科学省が「通常の学級に在籍する発達障がいの可能性のある特別な教育的支援を必要とする児童生徒に関する調査」の中で公表した、学習面または行動面で著しい困難を示すとされた児童生徒の割合が6・5%という数値の衝撃を今でも鮮明に覚えている方も多いと思います。この数値でも分かる通り、特別支援の概念は、もはや一部の範囲内だけで取り組むものではなく、通常級も含めた学校全体で取り組むべき概念となっています。それでは4つの教育環境の特徴を見ていきましょう。

「**通常級**」

通常級は、「普通級」「一般級」とも呼ばれます。それぞれの地域の学校にもよりますが、1学級に在籍している子どもの数は標準で40名です（小1は、35名）。基本は一斉授業の形で進められていきますので、担任の先生の個別支援がない状態でも学習面・行動面・対人面において自己学習や自己選択・自己解決などのスキルが求められます。学校によっては、通常級において学習や行動のコントロールが困難な場合には支援員（加配）が配置されることもあります。

「通級指導教室」

通常級に在籍しながら、子どもの障がい特性に合った個別の指導を受けるための教室です。読み書きなどの特定の学習のつまずきや集団における行動や感情のコントロールの苦手さなどの問題の改善を目指して、個別学習を基本に一人一人に応じた指導を行っています。子ども本人が保護者と一緒に通級指導教室に通い、週1回程度、個別またはグループ指導を受けることができます。子どもが指導を受けている間に保護者は、別室で子どもの活動の様子を観察したり担当教諭から子どもの現状について説明を受けたりします。在籍校に通級がない場合には、その時間だけ他の学校の通級指導教室へ通うことになります（校外の通級指導教室へは保護者の付き添いが原則です）。全国で約10万人の生徒が在籍しており、平成19年に比べると10年間で在籍数が約2・4倍に増えています。（平成29年　文部科学省）

「特別支援学級」

特別支援学級は、小中学校に障がいの種別ごとに置かれる少人数の学級です。1クラスの上限は8人であり、知的障がい、肢体不自由、病弱、身体虚弱、弱視、難聴、言語障がい、自閉症、情緒障がいの学級があります。指導や支援を切れ目なく繋げていくことを目的に在籍している児童生徒に対して全員に個別指導計画を作成します。また、適応状況や集団活動の必要性に合わせて、通常級に移動して活動を行う交流級を行い、朝の会や帰りの会、給食の時間に通常級で過ごしたり得意な科目や音楽や体育などの授業を交流級で受けたりすることができます。基本的には、小学校・中学校の学習指導要領に沿って編成しますが、実態に応じて、特別支援学校の学習指導要領を参考とした特別の教育課程が編成可能です。全国で約23万人の生徒が在籍しており、平成19年に比べると10年間で約2・1倍に増えています。全体の約23万人のうち、約11万3千人が「知的障害特別支援学級」に、約11万5百人が「自閉症・情緒障害特別支援学級」に在籍しています。つまり、特別支援学級に在籍している90％以上が知的障がいや発達障がいを持つ子どもであることが分かります。（平成29年　文部科学省）

「特別支援学校」

特別支援学校は、視覚障がい者、聴覚障がい者、知的障がい者、肢体不自由者又は病弱者に対して、幼稚園、小学校、中学校、高等学校に準ずる教育を施すとともに、障がいによる学習上又は生活上の困難を克服し、自立を図るために必要な知識技能を授けることを目的としています。1学級に在籍している子どもの数は標準で6名です（重複の障がいのある子どもで編成する場合は3人）。また、地域における特別支援教育を推進する体制を整備していく上で、特別支援学校はセンター的な役割を担うことを期待されています。通常の学級に在籍するLD・ADHD・ASDの児童生徒たちの教育的ニーズに応じた適切な教育を提供するために、特別支援学校が持つ教育上の高い専門性を生かしながら地域の小中学校を支援していくことが求められています。特別支援学校の教員は、小学校、中学校、高等学校の教員免許に加えて、特別支援学校教諭免許状を原則として取得することになっています。特別支援学校では、幼稚園、小学校、中学校、高等学校に準ずる教育を行うとともに、自立活動という、障がいのある子どもたちが自立や社会参加を目指し、障がいによる学習上または生活上の困難を主体的に改善、克服するための活動があります。これは特別支援学校に特別に設けられた領域です（特別支援学級や通級においても自立活動を編成することができます）。全国で約14万人の生徒が在籍しており、平成19年に比べると10年間で約1・3倍に増えています。（平成29年　文部科学省）

小学校の通常学級以外の特別支援学級、通級、特別支援学校を希望する場合は、お住まいの自治体が実施する就学相談会に参加する必要があります。就学相談会とは、子どもの就学先を決めるために各自治体の教育委員会が中心となり、子どもや保護者との面談を行うものです。また、医師や心理士、大学教授、学校の教員など専門家の意見を交えて、子どもや保護者の希望や学校の現状を踏まえた話し合いの結果、就学先の判定が保護者に通知されます。その判定に同意した場合は、就学先の決定となり、同意できない場合は、再検討のための就学相談を再び受けることになります。

3 学校の特別支援に関するポイント

前のページでお伝えしたように就学や進学には4つの学級のタイプがあります。それぞれに特色があり、子どもに合った学級を選択することが大切です。ここで注意しなければいけない点は、大人の常識に当てはめて子どもの状況を決めつけないことです。

例えば、

・通常級ならクラスメイトに影響されて自然に成長するだろう。
・特別支援学級なら少人数だから落ち着いて授業に集中できるはずだ。
・通級指導教室で苦手な面をマンツーマン指導してもらえれば、通常級でも問題なく過ごせるだろう。
・特別支援学校は支援が手厚いので何でもしてもらえるから子どもは楽で良い環境だ。

などと子ども自身の状況や気持ちを見ずに外側だけのイメージで評価してしまうと危険です。

もちろん特別支援教育の視点が備わっている環境は、在籍している子どもたちを大きく成長させ様々な問題を改善してくれます。しかし、そんな環境が完璧に全てを解決してくれるとは限りません。どんな環境でも必ず問題点は現れてきます。

例えば、

・通常級のクラスメイトのペースに全く付いていけず劣等感を感じる。
・特別支援学級の少人数の中でも相性の悪いクラスメイトがいて喧嘩が絶えない。
・通級指導教室では苦手なことでも安心して取り組めるが、通常級では怖くてできない。
・特別支援学校は確かに支援が手厚いが、子どもと担任との関係が悪く不登校になった。

などです。

この状況を、

「たくさんお手本となるクラスメイトがいるのだから頑張りなさい！」
「少人数なのだから少しぐらい我慢しなさい！」
「通級でできたんだから通常級でもできるでしょ！」
「特別支援学校で不登校とは考えられない！」

と決めつけて子ども自身を否定してしまうと、いくら特別支援が整った環境にいたとしても子どもにとってのメリットは何一つありません。

どんな環境でも常に子どもの立場に立った視点で考えていくことが重要です。本当の意味での子どもに合った環境を作るためには、子どもが在籍している学校や担任の先生との良い関係や密なやり取りが必要不可欠です。

そこで、学校や担任の先生との良い関わりを作るためのポイントを挙げていきます。

・新学期の場合は、早めに環境を整えてもらうために、家庭訪問の時期（4月下旬〜5月上旬）より前に相談しましょう。

・学級懇談会の後に時間を作ってもらいましょう。
当日に順番待ちをするとタイミングを逃すことがあるため。事前に連絡帳で伝えておく方が良いです。

・相談する手段を使い分けましょう。（直接面談・電話・手帳・連絡帳…）

・担任の先生と連絡をとって相談できる時間を確保しましょう。
いきなり伝えても担任の先生に余裕が無いことが多いです。

・サポートブックなどに子どもの情報をまとめて先生に渡しましょう。

学校側に何をしてもらいたいかを明確にしておくことが大切です。

担任以外にも信頼できる先生に渡すために2～3冊準備しましょう。

・担任の先生にうまく話が伝わらない場合は、他の先生に相談しましょう。

他のクラスの担任・昨年度の担任・学年主任・支援級の担任・通級の担任・養護の先生・特別支援コーディネーター・教頭・校長・スクールカウンセラー・スクールソーシャルワーカー・教育委員会・教育センターなど

・担任と面談する時は、第三者の先生の同席をお願いする。

担任と二人きりより話がまとまる可能性が高いため。

・PTA活動やボランティア活動に参加しましょう。

＊活動に参加することで他学年の保護者と顔見知りになります。

＊活動に参加することで他学年の担任の先生と顔見知りになります。

＊活動に参加することで校長や教頭などの管理職の先生と顔見知りになります。

＊学校に定期的に出向くことで授業参観以外の授業や子どもの様子を見ることができます。

↓学校内で顔見知りや事情を知る人が増えると、その分だけわが子への支援にプラスになる場合が多いです。

以上のようなポイントを参考に学校とのやりとりが上手くいかなくても1回で諦めず粘り強く話し合っていくことが大切です。学校は行政の組織とはいえ先生たちも一人の人間です。喧嘩腰や一方的な態度ではなく、柔らかく「相談していいですか？」「いつもありがとうございます。」と伝えれば、時間を作って対応してくれます。喧嘩腰だと学校は組織として構えてしまう形になり話が進まない状態になってしまいます。

また、保護者の要望を一つに絞ることも大切です。あれもこれもと要求すると学校や担任の先生の負担が増え、結果的に一つも実行できず子どもへの適切な関わりには繋がらない結果になってしまいます。担任の先生に確実に実行してもらうように、1つずつ伝えることが有効です。

4 放課後等デイサービス事業所

放課後等デイサービスとは、小学1年生から高校生までの障がいを持つ子どもを対象とした福祉サービスです。学校終了後の放課後や土日などの週末、夏休みなどの長期休暇時に生活能力の向上のために必要な訓練や社会との交流の促進などを目的に業務を行っています。平成27年4月に厚生労働省が策定した「放課後等デイサービスガイドライン」では、「放課後等デイサービスは、支援を必要とする障がいのある子どもに対して、学校や家庭とは異なる時間、空間、人、体験等を通じて、個々の子どもの状況に応じた発達支援を行うことにより、子どもの最善の利益の保障と健全な育成を図るもの」とされています。また、サービス促進にあたっての基本支援として、子どもの発達過程や特性、適応行動の状況を理解した上でコミュニケーション面での特に配慮が必要な課題も理解し、一人一人の状態に即した「個別支援計画」に沿って発達支援（療育）を行うとされており、子どもの発達過程や障がい種別、障がい特性を理解している者による発達支援を通じて、子どもが他者との信頼関係の形成を経験し、それに基づいて、友達と過ごすことの楽しさを感じ、人との関りの良さを知り、コミュニケーションに意欲を示すことができるように支援しています。加えて、関わりの中で生じる葛藤や衝突を調整する力や主張する力、折り合いをつけたり切り替えたりする力が育つことを子ども自身の自己決定を基本に支援することが求められています。放課後等デイサービス事業所が実際に行う支援内容も具体的に決められており、基本活動として4つの支援が位置づけられています。

①自立支援と日常生活の充実のための活動

↓今後必要となる基本的日常生活動作や自立生活を支援するための活動を行う。子どもが意欲的に参加できる遊びや活動を通して、成功体験を積み重ね、自己肯定感を上げていけるようにする。

②創作活動

↓表現する喜びを感じながら、自然と触れ合い季節の変化に興味を持てるように支援し、豊かな感性を培う。

③地域交流の機会の提供

↓障がいのために社会生活や経験の範囲が制限されないように、子どもの社会経験の幅を広げ、積極的に地域との交流を図る。

④余暇の提供

↓子ども自身が望む遊びや活動の機会を設ける。また、子どもが自分自身をリラックスさせる方法を獲得していくためにゆったりした雰囲気の中での様々なプログラムを用意する。

また、子どもだけでなく保護者に対して、子育ての悩みについての相談やペアレント・トレーニングなどを通して効果的な関わり方の指導、保護者の時間確保を目的としたレスパイトなどの役割も兼ねています。

以上のように障がいを持つ子どもたちに対する具体的な支援方法とその目的、事業所としての役割と使命が細かく具体的に決められている福祉サービスが「放課後等デイサービス」です。

他の習い事や塾、学童などと「放課後等デイサービス事業所」との一番の違いは、放課後等デイサービス事業所は福祉サービスであり、利用するためには市町村などが発行する受給者証が必要となることです。それでは利用までの流れを説明します。

①利用相談（各市町村・放課後等デイサービス事業所・相談支援事業所）

↓福祉の窓口や相談支援および各事業所の相談窓口で利用に関する相談を行います。その際に利用をする場合に必要な書類やスケジュールなどを確認しておくと後の手続きの流れがスムーズです。窓口で地域の相談支援事業所や放課後等デイサービス事業所のリストなどを提供してもらえる場合もあります。

②事業所見学・無料体験申し込み（放課後等デイサービス事業所）

↓事業所の見学および無料体験を行います。各事業所の受け入れ状況や支援方法・療育環境などを確認してください。その後、利用する目的などを明確にし、利用プランなど具体的なスケジュールを決定しましょう。

③利用計画の作成を依頼（相談支援事業所）

↓通所受給者証の申請には相談支援事業所が作成する障害児支援利用計画案が必要です。地域によってはセルフプラン（保護者自身が作成する子どもの個別支援計画書）での申請も可能です。必ずお住いの市町村にご確認ください。相談支援事業所へ連絡し、障害児支援利用計画案の作成をお申込みください（相談支援事業所は各市町村担当窓口で確認することができます）。

④市町村の担当窓口へ

↓放課後等デイサービスをご利用の際は、「通所受給者証」が必要となります。お住いの市町村の担当窓口へ施設の利用希望を伝え、受給者証の発行手続き方法を確認してください。申請書や作成した障害児支援利用計画案などの必要書類を市町村に提出後、担当者による聞き取り調査が行われ、受給要件を満たしているかどうかの判断が行われます。その際には、学校、医師、療育施設など専門機関の意見書なども必要になる場合があります。決定までは申請書の提出を行ってから2週間〜1か月程度の時間を要する場合があります。

⑤通所受給者証の申請と受け取り（各市町村）

↓市町村へ申請を行い、許可が出ればおよそ2週間から1か月で「通所受給者証」が交付されます。受け取り方法は、ご自宅への郵送や直接受け取りに出向くなど地域によって異なります。受給者証の交付後、相談支援事業所がより適切なサービスが受けられるように障害児支援利用計画を作成してくれます。

⑥放課後等デイサービス事業所との契約、利用スタート

↓受給者証と障害児支援利用計画（またはセルフプラン）、印鑑、療育手帳など必要な書類を持参し、利用を希望する事業所との契約を行うことで利用がスタートします。

5 放課後等デイサービス事業所の特色

放課後等デイサービス事業所が抱える問題点としては、様々なメディアで報道されたように障がいに対する理解や療育的な関わりの知識がない事業所が存在するということです。専門的な知識や子どもに対する真摯な姿勢を持ったスタッフがそろう事業所がある一方、全く知識や目的がなくただ預かっているだけの事業所もあります。ここ10年の間の爆発的な放課後等デイサービス事業所の増加に伴いスタッフ対応の質の低下が大問題になり、スタッフの資格要件の変更や報酬改定などの行政によるテコ入れが入り、支援の質の向上が図られています。また、各事業所に対しては、利用者数の増加を目的とするのではなく、利用する子ども一人一人に対する具体的な療育内容が問われるようになっています。

放課後等デイサービス事業所は、現在全国に約1万3千箇所あり、利用者も20万人以上います（厚生労働省統計2019）。その中には、様々な特色を持った事業所があります。事業内容の種類としては大きく4つに分けられます。

①お預かり・レスパイトタイプ

↓4つのタイプの中では一番数の多いタイプです。放課後や土日、長期休暇の際の居場所として機能し、様々な活動や体験を通して友達作りや社会性の獲得の支援を行います。それと同時に保護者の時間確保などのレスパイト対応や仕事をしている保護者のための託児機能も合わせもっています。

②運動・スポーツタイプ

↓サッカーや水泳など様々なスポーツや運動、野外体験を通して運動機能や目的に向かって努力する姿勢作りなどを目的としています。また、障がいに理解のあるスタッフが支援することで失敗体験や挫折体験を繰り返す状態を回避することができる側面も持っています。

③学習支援タイプ

↓学校の勉強についていけない、一般の塾では配慮が望めない、集団のペースでは理解ができないなどの子どもたちを対象に、障がいに理解のあるスタッフが子どもそれぞれの発達特性に合わせて国語や算数、英語などの学習支援を中心に行うタイプ。

④療育トレーニングタイプ

↓お預かりタイプとは違い、マンツーマン対応や時間を区切った短時間枠での対応など、より療育効果が出る環境での対応を行う。療育内容も「ＳＳＴ」「ＡＢＡ」「ビジョントレーニング」「言語訓練」「プログラミング」「作業療法」など主に専門職が行う療育を行っている。

以上の４つがあります。

それぞれのタイプのニーズとしては、

①お預かり・レスパイトタイプ

「仕事があり親戚にも頼れない。とにかく預かってほしい」「家以外の居場所を作ってあげたい」「子どもとの関係性が悪く距離を取りたい」

②運動・スポーツタイプ

「体を動かしてほしい」「スポーツを通して心身を鍛えてほしい」「習い事として継続させていきたい」

③学習支援タイプ

「学校での学習の遅れが気になる」「一般の塾はすぐにやめてしまう」「学習の習慣をつけてほしい」

④療育トレーニングタイプ

「専門的な療育を受けたい」「苦手な面を徹底してトレーニングさせたい」

などが挙げられます。他にも全国にはバラエティー豊かな特色を持った放課後等デイサービス事業所が数多くあり、子どもや保護者のニーズに合った事業所が選ばれています。利用の仕方としては、同じ事業所を毎日利用したり日替わりで複数の事業所を利用したり、習い事感覚で週1～2回利用したりなどそれぞれの用途に合わせた利用が可能です。

そんな放課後等デイサービス事業所のメリットを挙げたいと思います。

①障がいを持った子どもたちの居場所になる

障がいを持つ子どもにとって、楽しく安心して希望通りの活動ができる場所を見つけることはとても困難なことです。放課後等デイサービス事業所なら、子どもそれぞれの発達に合わせた活動や居場所を準備することができます。

②目が行き届く手厚い支援ができる

人員配置基準により子ども10名の定員に対して職員が3〜4名配置されるので、目が行き届きやすく手厚い支援が可能です。また、保護者や学校の教師と同等に子どもと接する頻度が高いので、より細かいところまでを配慮した支援ができます。

③業務基準が整備されている

国によって「人員配置基準」「資格要件基準」「利用者それぞれに対する個別支援計画の作成」などが義務として明確に定められており、利用する子どもへの支援の形が継続して保たれるようになっています。

④利用における経済的負担が少ない

国や市町村が行っている障がい福祉サービスの一つですので、利用料の9割は自治体が負担し、保護者負担は1割となります。また、世帯の所得により上限額が決められており、おおよそ世帯所得が890万程度までのご家庭では、週に何度利用しても「4600円」以上かかりません。約890万以上のご家庭でも「37200円」以上かかりません。非課税世帯では、負担額0円です。

⑤連携フットワークの軽さ

多忙な業務に追われ十分な支援の時間や関係機関との連携する時間が取れない医療機関

や学校に代わり、放課後等デイサービス事業所の職員がフットワーク軽く動き、子どもや保護者と医療機関や学校を繋ぎ、全体を連携させる役割を担うことができます。

⑥保護者支援

わが子だけが不適応を起こし毎日どうして良いかも分からず、世間の冷たい視線を感じ、全ては親のしつけが原因とみなされ孤立し出口の見えないトンネルに入り込んでしまう。そんな状態に陥りやすい保護者に対して、医療機関や学校と同様に高い専門性を持って具体的なアドバイスをしたりペアレント・トレーニングを行ったりします。

以上のような特徴とメリットを放課後等デイサービス事業所は兼ね備えています。今後も放課後等デイサービス事業所は、多くの困っている発達障がいの子どもたちや保護者の皆様のために、多くの特色を生かし関係機関との連携を通して支援を続けていくことが求められます。ただの預かり施設ではなく他の関係機関と同様に専門的な療育機関としての立場を確立し、発達障がい児支援の一端を担う存在となっていかなければなりません。

あとがき

発達障がいを取り巻く状況は、子どもの不登校増加、発達障がいの子を持つ保護者の孤立化、学校の教師の疲弊と休職の増加、発達障がい専門医師の不足による診察予約待ちの長期化など問題点ばかりが目立っています。しかし、悲観してばかりでは何の解決にもなりません。子どもの立場に立った支援や視点を大人が身に付けていく必要があります。発達障がいに関する様々な問題に隠れて見えにくいですが、子どもの年齢が上がるたびに見えない常識に縛られ型にはめようとするのは大人だということを忘れてはいけません。我々大人こそが凝り固まった常識を変えていかなければいけないと本書を執筆しながら改めて痛感しています。

・子どもの成長にタイムリミットはありません。

・子どもが全て一人でできるようになることだけが自立ではありません。

・子どもの意欲を下げないことが一番大切です。

普段私は、この3つを基本に保護者の皆様にお話しさせていただいています。一見すると保護者の皆様に対する注意点に感じますが、お話しの中で次のように付け加えます。

・保護者から子どもへの支援にタイムリミットはありません。
・保護者が全てを一人で行う必要はありません。
・保護者の意欲を下げないことが私の仕事です。

この言葉をお伝えするだけで保護者の皆様の心はグッと軽くなります。私は現在福岡県福岡市にて「はこでみ親の会」という会を主催しています。月1回発達障がいを持つ子どもの保護者様に対して保護者同士の交流の場や定期的な相談やフォローアップを受けることができる機会を提供しています。発達障がいを持つ子どもへの支援は、短期間の支援や相談では中々継続的な成果が出にくく、日々の感情や環境に大きな影響を受ける側面を持っています。そんな不安定な状況を改善するために単発や短期間の支援ではなく、定期的かつ継続的な支援ができる親の会を始めました。私は今後も親の会やペアレント・トレーニングを通して保護者の皆様に寄り添い、わが子に合った関わりを明るく前向きに継続できるようにお手伝いしていきます。また、本書を読んでいただいた皆様のお手伝いもぜひさせていただきたいと思っています。私個人の力は微力ではありますが、本書をキッカケに多くの方と繋がることで大きな力となり、一人でも多くの発達障がいを持つ子どもとその保護者様の人生がより良いものになることを心から願っております。ご興味のある方は「発達こどもアカデミー」までご連絡ください。皆様とお会いできる日を楽しみしております。

最後に、執筆にあたってご協力いただいた梓書院の前田様をはじめスタッフの皆様、応援してくださった方々、執筆のチャンスを与えてくださった祐恒様、そして何より私の著書を手に取って読んでくださった皆様に対して心から感謝申し上げます。

令和2年7月　　南川　悠

発達こどもアカデミー

はこでみの最新情報はこちらから

https://hakodemi.jp/

はこでみHPでは
「ペアレントトレーニング・ワークシート」や、
「実践カード」などの支援ツールを
無料で公開しておりますので、ぜひご活用ください！

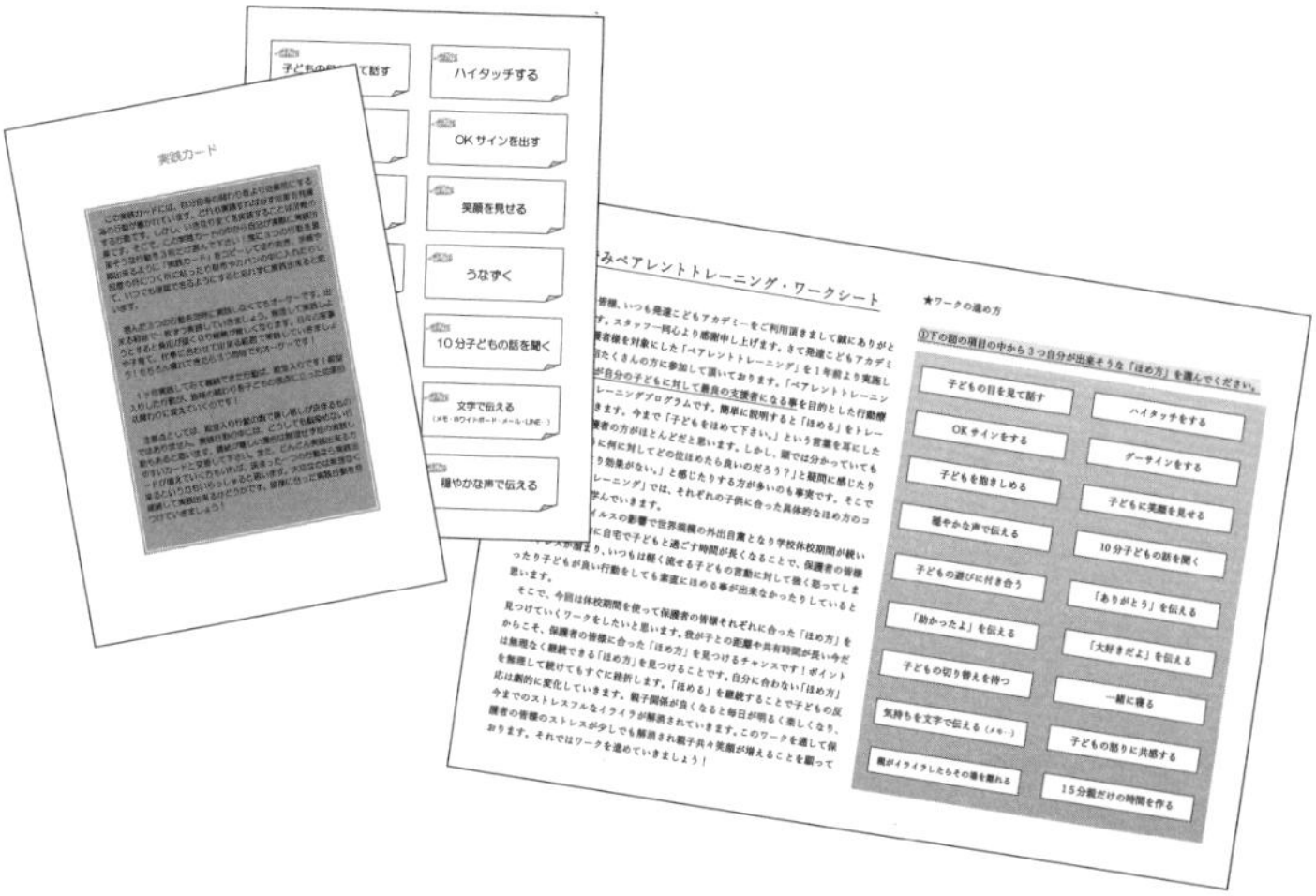

【著者】南川　悠（みなみかわ ゆう）

株式会社済々社中 人材開発部 部長／発達こどもアカデミー原田校 施設長
研修認定精神保健福祉士／ペアレントトレーニングインストラクター
（日本ペアレントトレーニング研究会主催のインストラクター養成研修終了）

重度知的障がいを持つ兄の影響により障がい児教育に興味を持ち、大学在学中より発達障がい児に対しての個別での訪問型療育支援を行い、主に発達障がいを持つ未就学児に対して適切な人との関わり方を教える。自閉症の子どもと大学生ボランティアが参加するキャンプを企画運営し、そのキャンプの中で障がい児支援の素人である大学生に対して具体的なアドバイスをした結果、みるみるうちに大学生の関わり方が上手になり、障がいのある子どもたちのペースに合わせた効果的な関りができるようになったことに感動。
その後は、福岡市内の発達障がいを専門とした医療機関に就職。未就学から高校生までの発達障がい児に対して療育を行い、15年間で300名以上の療育実績がある。また、保護者に対しては、勉強会（ペアレントトレーニング・サポートブック作成方法指南・お悩み相談）や訪問支援を行い、子どもとの関わり方や発達障がいの特徴などを教え、約500名以上の保護者支援を担当した。
講演も多数行っており、福岡市医師会、教職員勉強会（福岡市・筑紫野市）、福津市子育てセミナー、親の会勉強会、福岡県スクールソーシャルワーカー協会、単位制高等学校、福祉職養成学校、放課後等デイサービス事業所などでの講演実績があり、延べの参加者数は1000人を超える。
現在は放課後等デイサービス事業所において、管理者兼児童発達支援管理責任者として、発達障がいを持つ子どもたちが安心して活動できる環境を日々提供している。また、同時に全国的にも少ない放課後等デイサービス事業所が主催する形で発達障がいの子を持つ保護者向けの勉強会を行い、他事業所への職員研修も行っている。

【企画】祐恒竜也（すけつね たつや）

株式会社済々商舎 代表取締役

熊本県立濟々黌高等学校卒業。私立同志社大学法学部卒業。教育業界・高齢者・障がい者介護業界・医療業界で勤務し、平成27年6月に株式会社済々社中を創業。平成28年2月に発達こどもアカデミー®を開設。令和2年2月株式会社済々商舎を創業。

発達障《はったつしょう》がい 見方《みかた》を変《か》えればみんなハッピー

令和2年9月30日 初版発行

著　者　南川　悠
発行者　田村志朗
発行所　㈱梓書院
〒812-0044 福岡市博多区千代3-2-1 麻生ハウス3F
tel 092-643-7075　fax 092-643-7095

印刷製本　大同印刷㈱

ISBN978-4-87035-682-5